Herderbücherei

Band 900

Über das Buch

Wie ist es eigentlich möglich, daß der Mensch sich zu Schädlichem mißbrauchen läßt? Warum fällt es ihm so schwer, aus der geschichtlichen Erfahrung zu lernen? Es liegt wohl vor allem daran, daß diejenigen, die Böses mit ihm vorhaben, eine psychische Gegebenheit ausnutzen können: Wir alle wollen das Bessere, Neuere, Fortschrittliche. Dieser gute Drang kann leicht umgeleitet werden, wenn der böse Manipulierer vorgibt, das Gute zu wollen. In unserer Bundesrepublik sind wir durch entsprechende Modetrends besonders gefährdet. Daher will dieses Buch die unreflektierte Naivität der Wohlmeinenden aus dem Schlaf rütteln und so die Strategie des Bösen unterlaufen. Um es dem Leser leichter zu machen, unsere Gefährdung zu verstehen, ist dabei die Form einer Allegorie gewählt: Ein Humanwissenschaftler belehrt die Oberteufel in zeitgemäßer Verführungskunst, – ein Zeitgenosse kommentiert die teuflischen Protokolle.

Über die Autoren

Christa Meves, geb. 1925. Studium der Germanistik, Geographie und Philosophie an den Universitäten Breslau und Kiel, Staatsexamen in Hamburg, dort zusätzlich Studium der Psychologie. Psychagogen-Ausbildung an den Psychotherapeutischen Instituten Hannover und Göttingen. Freipraktizierend in Uelzen, Arztfrau und Mutter zweier Töchter. 1974 Wilhelm-Bölsche-Medaille. 1976 Prix Amade. 1978 Niedersächsischer Verdienstorden. 1979 Konrad-Adenauer-Preis der Deutschland-Stiftung.

Joachim Illies, geboren 1925. Professor für Zoologie an der Universität Gießen und Leiter der Außenstelle eines Max-Planck-Instituts in Schlitz/Hessen. Neben zahlreichen Vorträgen, Zeitungsartikeln und wissenschaftlichen Fachveröffentlichungen viele allgemeinverständliche Bücher.

Christa Meves

Manipulierte Maßlosigkeit
Band 401, 144 Seiten, 22. Auflage

Wunschtraum und Wirklichkeit
Lernen an Irrwegen und Illusionen
Band 433, 160 Seiten, 11. Auflage

Die Bibel antwortet uns in Bildern
Tiefenpsychologische Textdeutungen im Hinblick auf Lebensfragen heute
Band 461, 160 Seiten, 11. Auflage

Ehe-Alphabet
Band 485, 128 Seiten, 17. Auflage

Kinderschicksal in unserer Hand
Erfahrungen aus der psychagogischen Praxis
Band 501, 160 Seiten, 9. Auflage

Freiheit will gelernt sein
Band 517, 144 Seiten, 8. Auflage

Unser Leben muß anders werden
Glück durch seelische Gesundheit
Band 571, 128 Seiten, 7. Auflage

in der Herderbücherei

Christa Meves

Lange Schatten – helles Licht
Aus meinem Tagebuch
Band 590, 160 Seiten, 5. Auflage

Antworten Sie gleich
Lebenshilfe in Briefen
Band 635, 144 Seiten, 4. Auflage

Seelische Gesundheit und biblisches Heil
Band 696, 160 Seiten, 3. Auflage

Ich reise für die Zukunft
Ernste und heitere Vortragserlebnisse
Band 715, 144 Seiten

Kleines ABC für Seelenhelfer
Band 810, 160 Seiten

Zusammen mit Heinz-Dietrich Ortlieb:
Macht Gleichheit glücklich?
Band 682, 160 Seiten, 2. Auflage

in der Herderbücherei

Christa Meves
Joachim Illies

Dienstanweisungen für Oberteufel

Wieviel Verführung verträgt ein Volk?

Herderbücherei

Originalausgabe
erstmals veröffentlicht als Herder-Taschenbuch
Umschlaggraphik: Erich Proksch, Igersheim

Herder Freiburg · Basel · Wien
Herstellung: Freiburger Graphische Betriebe 1981
ISBN 3-451-07900-3

VORBLATT

Und wenn tausend Jahre vollendet sind, wird der Satanas loswerden aus seinem Gefängnis und wird ausgehen, zu verführen die Heiden an den vier Enden der Erde, den Gog und Magog, sie zu versammeln zum Streit, welcher Zahl ist, wie der Sand am Meer.

... Wie Könige werden sie eine Zeit Macht empfangen mit dem Tier. Die haben eine *Meinung und werden ihre Kraft und Macht geben dem Tier. Sie werden streiten mit dem Lamm, und das Lamm wird sie überwinden, denn es ist der Herr aller Herren und der König aller Könige.*

Offb 20, 7–8 und 17, 12–14

INHALT

VORWORT

Den Teufel spürt das Völkchen nie,
und wenn er sie beim Kragen hätte.

J. W. v. Goethe

Wer sich in den vergangenen Jahrzehnten mit den psychischen und geistigen Grundbedingungen zukunftsträchtiger Gesundheit, also mit den Voraussetzungen für das Gedeihen und Wachsen einer Gesellschaft zu befassen hatte, steht beklommen vor der Entwicklung der letzten fünfzehn Jahre in der Bundesrepublik Deutschland. Für den wachen Beobachter hatte die Rasanz, mit der die Szene sich veränderte, der dunkle Schwung, mit dem bewährte Grundgefüge unseres Lebens aus den Angeln gehoben wurden, hatte die massive Durchdringung mit Impulsen, deren mangelnde Tragfähigkeit für die Wirklichkeit in der Vergangenheit und Gegenwart verschiedener Gesellschaften längst schon erwiesen war, hatte diese hartnäckige Durchseuchung mit Unbrauchbarem etwas Unheimliches, Geisterhaftes, ja gewollt Bösartiges an sich.

Was um Himmelswillen ging und geht hier denn eigentlich bei uns vor? Ist es wirklich denkbar, daß es das innerhalb eines Menschenlebens zum zweiten Mal geben kann – daß ein Volk mit seinen vielen bemühten, wohlmeinenden Menschen sich packen läßt wie der Fischschwarm vom Netz eines unsichtbaren Fischers hinter der Szene und sich zuguterletzt ohne Ausweichmöglichkeit an seinen Untergang ausliefert? Ist es möglich, daß ein Volk, nachdem es sich mühsam regeneriert hat, innerhalb eines so kurzen Zeitraumes erneut vernebelt in ein Schicksal hineintreibt, das es nicht wollen kann?

Wer die Gefahr sieht, in der wir stehen, darf nicht tatenlos zusehen. Es muß – und die Autoren haben das im vergangenen Jahrzehnt immer wieder versucht – gewarnt werden, es muß der Versuch gemacht werden, dem großen Netz zu entgehen.

Die Möglichkeit und Mittel dazu sind, wie noch auszuführen sein wird, im fortgeschrittenen Stadium der geistigen Vergiftung zunehmend eingeschränkt worden. Manche Herzen und Hirne sind zwar wacher und zu Recht mißtrauischer geworden, aber ein großer Teil der Bevölkerung schwimmt unbekümmert im Strom mit, ohne die Gefahr wahrzunehmen.

Es soll deshalb ein erneuter Versuch unternommen werden, zumindest einigen der Wohlmeinenden mehr Erkenntnis über unsere Lage zu vermitteln. Dabei soll es in diesem Buch darum gehen, die Gewichtigkeit der geistigen und psychischen Verführung von jener Dimension her zu betrachten, in die sie letztlich gehört: aus der Dimension übermenschlicher Mächte. Deshalb soll das Teuflische der Verführungsstrategie in Form einer Allegorie dargestellt werden, denn gerade der nicht intellektuell verbildete Mensch ist eher mit Hilfe einer bildhaften Darstellung in der Lage, Einsicht zu gewinnen. Solche Verfremdung als Stilmittel, bei dem scheinbar von vornherein auf den tiefen Ernst des Anliegens verzichtet wird und das Groteske und auch das bewußt Übertriebene in den Vordergrund treten, baut eine Szenerie auf, in der sich vieles unbefangener mitteilen läßt, was die Autoren dem Leser vermitteln wollen.

Diese Verfremdung drückt sich schon im Titel unseres Buches aus und weckt bewußt die Erinnerung an einen unsterblichen Klassiker auf diesem Feld, nämlich an die „Dienstanweisungen für einen Unterteufel", wie die „Screwtape letters" von C. S. Lewis in ihrer deutschen Ausgabe heißen. Dort blieb die entlarvende und warnende Geheim-Korrespondenz zwischen dem höllischen Unterstaatssekretär Screwtape und seinem Neffen, dem Unterteufel Wormwood, gewissermaßen in der Familie: Ein Teufel schreibt an den anderen, und wir – die zu warnenden Leser – stehen betroffen vor solchen Enthüllungen und entnehmen aus ihnen zugleich das Rezept, wie wir uns als Menschen gegen teuflische Angriffe zu wappnen haben. In unseren „Dienstanweisungen für Oberteufel" hat sich die Lage jedoch bedrohlich verschlimmert und ist daher noch alarmierender geworden, denn nun ist es ein Mensch, der sich der Hölle verschrieben hat und den dortigen Oberteufeln in Spezialkollegs die neuesten und perfidesten Tricks einer erfolgreichen Menschenverführung vermittelt. Wer sollte das besser können als einer aus der Zunft derer, die als Humanwissenschaftler die Hintergründe menschlichen Fühlens und Handelns berufsmäßig untersuchen und durch ihr Wissen eigentlich dafür bereit stehen, den Menschen zur vollen Entfaltung des Guten in ihnen zu verhelfen. Aber in der Verkehrung dieses Zieles zum Bösen, wie sie in einem einzelnen verführten Verführer durchaus auftreten kann, wird solche Spezialkenntnis zum Instrument planmäßiger und bedrohlich fortschreitender Verführung. Wir haben uns daher heute vor den wissenschaftlich so wohlinformierten Oberteufeln und ihrer Strategie noch viel mehr zu hüten als in der Szenerie der ersten Hälfte unseres Jahrhunderts vor dem zwar böswilligen aber doch damals noch beruhigend tolpatschigen Unterteufel Wormwood.

Die folgende Darstellung hat nicht im Sinn, einzelne Menschen, Gruppen oder Parteien zum Beelzebub zu machen, sondern sie will die unheimliche, jenseits der menschlichen Lebensbereiche einsetzende böse Absicht des in die Irreführens, des Verführens in den Blickpunkt rücken und entlarven. Aber zugleich soll der Leser spüren, daß eine Gefahr, sobald man sie deutlich erkannt hat, damit zum Teil bereits gebannt ist und daß ein Teufel, dessen Marschpläne man kennt, einen Teil seiner Kraft verliert. Unsere bizarre und skurrile Erzählung ist mit einer grimmigen Fröhlichkeit geschrieben, die aus der Gewißheit fließt, daß Gott mächtiger ist als der Teufel und daß wir alle auf der hellen Seite für den Sieg des Guten kämpfen sollen. So werden wir hoffentlich doch noch ein „Völkchen" werden, das den Teufel spürt, ehe er uns am Kragen hat.

Christa Meves – Joachim Illies

EINFÜHRUNG DURCH DEN HERAUSGEBER

AUS EINER PRESSEKONFERENZ DES TEUFELS:

„Daß Sie meine Existenz leugnen, tut meiner Eitelkeit keinen Abbruch, und zwar einfach deswegen, weil ich nicht die Absicht habe, von Ihnen für besser gehalten zu werden, als ich tatsächlich bin; ich will ich selbst sein, weiter nichts. Ihr Unglaube berührt keinen einzigen meiner Wünsche – sie sind alle erfüllt. Es kommt mir nicht auf die Anerkennung meiner Existenz an; für mich ist nur das eine wichtig – daß das Werk der Vernichtung nicht stockt. Ob man an meine Existenz glaubt oder nicht, bleibt auf die Reichweite meiner Arbeit ohne Einfluß."

(L. Kolakowski, Leben trotz Geschichte, 1977)

Nach Überwindung einiger grundsätzlicher Bedenken übergebe ich dem Leser hiermit ein Dokument, dessen weitere Geheimhaltung mir problematischer erscheint als seine Veröffentlichung. In einer Zeit, da der Teufel in Person bereits öffentliche Pressekonferenzen abhält, sein ursprüngliches Tarnverhalten also weitgehend aufgibt zugunsten einer Strategie der direkten Konfrontation, bei der auch das unveränderte Ziel seiner Anstrengungen – das Werk der Vernichtung – schamlos deutlich wird, kann ein Dokument wie das hier vorgelegte nur von allgemeinem Nutzen sein. Wir dürfen sicher sein, daß dem Teufel selbst die Veröffentlichung einer ursprünglich zweifellos geheimen Mitschrift aus seinem Hauptquartier nicht angenehm ist.

Wenn der Mensch erst einmal durchschaut, wie und wo der Teufel den eigentlich Gutwilligen für seine Absichten umzupolen sucht, wird es ihm leichter möglich, dem Fallensteller zu widerstehen. Diese Überlegung rechtfertigt, so scheint es mir, die Publikation des Dokuments – ja sie nötigt aus Verantwortung gerade dazu.

Doch habe ich dem Leser zunächst die bemerkenswerten und nicht ganz aufklärbaren Umstände zu berichten, die mich in den Besitz dieses Dokuments brachten. Man weiß hinlänglich, daß ich als Hochschuldozent für alt-orientalische Sprachen beruflich den modernen Dingen eher abgeneigt bin und dem Tagesgeschehen fast widerwillig und nur aus dem allgemeinen Pflichtgefühl als Bürger einer Demokratie meine Aufmerksamkeit zuwende. Offen gesagt bringt mir die Lektüre eines Keilschrift-Textes mehr Vergnügen als die einer Tageszeitung unserer Epoche. Doch zwinge ich mich, politisch auf dem Laufenden zu bleiben, weil ich (wenn auch bisher vergeblich) darauf hoffe, meinen Studenten den Fortschritt der Menschheit durch einen Vergleich damaliger und heutiger Berichterstattung vor Augen zu führen.

Offensichtlich hat nun meine Kenntnis des Sumerischen – der ältesten Sprache der Menschheit – den Ausschlag dafür gegeben, daß mir diese Dokumente zugespielt wurden. Sie sind nämlich in der Ursprache der Menschheit verfaßt (die sich damit als Umgangssprache höllischer Geister erweist).

Die näheren Fundumstände waren folgende: In meiner umfangreichen Bibliothek befindet sich ein abgeschlossener Schrank mit einer Reihe wertvoller Pergamente zur Ketzergeschichte, unter denen es einige seltene und einmalige Stücke gibt. Meist sind sie in aramäisch, koptisch oder griechisch verfaßt, welche Sprachen ich zur Entspannung von der anstrengenden Entzifferung schwer lesbarer Keilschrift-Texte sehr schätze. Kürzlich hatte ich nun – irritiert durch starken Tabakgeruch mit schwefeligem Beigeschmack, der aus dem Schrank zu kommen schien (ich selbst verabscheue jeglichen Genuß von Narkotika) – einen besorgten Blick in die geschilderte literarische Schatzkammer geworfen und fand dort zu meiner Beunruhigung deutliche Spuren von fremder Hand. Weiß der Teufel, wer dort in meinen Pergamenten gewühlt hat, dachte ich. Tatsächlich fand ich schnell den Grund der Veränderung: Ein Unbefugter hatte einen der

Erstdrucke aus seinem Futteral geholt und achtlos auf den Boden des Faches gelegt (erfreulicherweise unbeschädigt).

Im Futteral aber befand sich – auf den ersten Blick deutlich sichtbar, ja geradezu herausfordernd auffällig plaziert – ein Konvolut von 72 Pergament-Seiten, nach moderner Art in Buchform geheftet, das sofort meine Aufmerksamkeit alarmierte. Alle Seiten dieses Dokumentes waren nämlich engzeilig in akkadisch-kursiv beschrieben (also in einer späten, schreibeleichten Variante der Keilschrift Assurs). Gerade diese Variante aber, die ich für die älteste Form handschriftlicher Zeichensetzung überhaupt halte, stellt mein spezielles Forschungsgebiet dar, so daß ich sie (das sei ohne falsche Bescheidenheit gesagt) fast als einziger heutiger Alt-Orientalist fließend beherrsche.

So stand ich vor einer mir vom Schriftbild her unschwer zugänglichen Botschaft, deren Inhalt mir alsbald erheblichen Schrecken einjagte. Hatte ich zunächst vermutet, daß der Teufel selbst seine Hand im Spiel haben müßte bei dieser eigenartigen Methode, mir einen wichtigen Text zuzuspielen, so mußte ich beim tieferen Eindringen in ihn meine Ansicht bald ändern. Jetzt bin ich, wie gesagt, davon überzeugt, daß gerade der Teufel selbst es *nicht* weiß, was sich hier in meiner Bibliothek abspielte, denn da ihm aus der Übersetzung und Bekanntgabe des Dokuments erheblicher Schaden erwachsen muß, ist er als Akteur mit Gewißheit auszuschließen. Es ist viel eher denkbar, daß es in der höllischen Hierarchie auch so etwas wie eine außerparlamentarische Opposition gibt, die ein Interesse daran hat, mir – und damit der Öffentlichkeit – diese Protokolle zuzuspielen.

Diese Überlegung bewog mich denn auch, die Herausgabe der Übersetzung unverzüglich in Angriff zu nehmen; zeigt doch dieser erste Riß in der höllischen Disziplin – diese gezielte Indiskretion aus dem Lager unserer Gegner –, daß es um die Macht des Höllenfürsten nicht ganz so gut bestellt ist, wie ängstliche Gemüter es stets befürchtet haben. So möge denn also die (ich versichere: wortgetreue!) Übersetzung dieser aufschlußreichen und wachrüttelnden Texte ihren Weg in die Öffentlichkeit antreten und dort eine Wirkung entfalten, die dem höllischen Berichterstatter (Quelle A, die vor allem im ersten Bericht kenntlich wird) und dem teuflischen Verführungsagenten (Quelle B, vor allem in den Texten der Kollegs I-X) nur in höchstem Maße unangenehm sein kann, – ganz zu schweigen vom obersten Fürsten der Unterwelt, der (Quelle C) nur in vereinzelten Äußerungen selbst belegt ist. Durch den umfassenden Einblick in die diabolische Strategie der dort gegen uns und die göttliche Weltordnung Tätigen gelangen wir in die Lage, aus der Lethargie der relativen Sicherheit zu erwachen und so – als Wachsame – gegenüber den Schlichen und Tricks der dunklen Heerschar gewappnet zu sein und sie in aller Öffentlichkeit zu entlarven.

Naturgemäß – diese letzte Bemerkung sei gestattet – bedürfen manche Passagen, in denen die diabolische Freude des Verführens (ganz besonders Quelle B) und sein unverhohlener Stolz über Teilerfolge allzusehr zu triumphieren scheinen, einer kommentierenden Begleitung, damit der Leser nicht hilflos der geballten Wucht der gegnerischen Sicht ausgesetzt und dem Sog gegnerischer Argumente preisgegeben ist. Gerade das Mittel der ironischen Verfremdung, dessen sich vor allem Quelle B meisterhaft bedient, könnte gelegentlich einen wohlwollenden und solche Sophistik nicht gewohnten Leser verwirren. Ich habe daher die mir zugänglichen zeitgemäßen Quellen angeführt, um den jeweiligen Wahrheitsgehalt der vorgetragenen Behauptungen zu belegen, beziehungsweise um gezielte Zwecklügen zu enthüllen. Als wacher Beobachter des Zeitgeschehens verfüge ich über ein von mir aufgebautes Archiv mit Nachrichten, Statistiken und Daten aus dem gesellschaftswissenschaftlichen Bereich, dessen ich mich hier vielfach bediente. Vergessen wir nicht: der Teufel ist *immer* der Teufel: bei freundlichen Pressekonferenzen ebenso wie bei den Ausführungen, die er im vertrauten Kreise macht oder von seinen Hilfskräften machen läßt. Alles, was er sagt, muß daher mißtrauisch und wachsam geprüft werden, denn der Umgang mit der Lüge gehört ebenso wie der mit der Wahrheit zu seinem Handwerkszeug, und er ist durch keinerlei Bedenken daran gehindert, das eine für das andere auszugeben.

Ich habe mich daher auch entschlossen, von der sonst bei Philologen üblichen Methode der beiläufigen Kommentierung in Fußnoten abzusehen und dem Text der Hölle unmittelbar und für den Leser unübersehbar auf den Leib zu rücken. Daher sind die mir notwendig erscheinenden Anmerkungen jeweils direkt in den Text eingefügt – was selbstverständlich so geschieht, daß der Leser sie jederzeit von dem unheiligen Original der höllischen Protokolle unterscheiden kann. Denn Klarheit und Ordnung sind niemals notwendiger als beim Umgang mit dem Meister der Unklarheit und Unordnung, dem Durcheinanderwerfer Diabolos.

Hätten wir dem allen nicht die Gewißheit entgegenzusetzen, daß sich uns die Wahrheit selbst als der Weg angeboten hat (und dies ist, wie man weiß, der Kern des Christentums), so stünden wir letztlich hilflos vor der Strategie des Herrn der Lüge und Verderbnis. So aber – in der Gewißheit unseres Evangeliums, vor der alle Dämonen und Teufel zu „Nichtsen" werden – mag der Text dieser Dokumentation allen mündigen und sittlich gefestigten Lesern überantwortet sein!

Prof. Dr. Gottlieb Merker

PROLOG IM HADES

„Für uns und den Herrn der Tiefe stellt Ihre Person einen Glücksfall dar", schloß ein hochchargierter Geist der Finsternis seine Festrede und übergab damit den soeben im Hades eingetroffenen Mann der Allgewalt Diabolos selbst, der, wozu er sich nur in den allerinteressantesten Fällen herabließ, den Festakt mit seiner Anwesenheit gekrönt und ihm damit die Bedeutung zuerteilt hatte, die ihm zukam.

Es war dem höllischen Begleiter besagter Person – natürlich nur auf dem Boden allerhöchster Order – gelungen, seinen Schützling dazu zu verführen, auf einer irdischen Feier aus Anlaß eines höllischen Erfolges so viel Alkohol zu trinken, daß er sich im Morgengrauen mit seinem Auto zu Tode fuhr; wie gesagt: auf höchsten Befehl, denn die Talente dieses Mannes hatten Diabolos so entzückt, daß er auf seine unverzügliche Abberufung gedrängt hatte – nicht um ihn seiner teuflischen Wirksamkeit zu entheben – nein, dieses nicht im mindesten –, sondern weil Diabolos ihn für den schon lange gesuchten Geist hielt, der in der Lage sei, seine Heerscharen schleunigst systematische Verführungstechnik zu lehren und den teuflischen Bemühungen um die Erdenbürger zu originellem, zeitgerechtem Erfolg zu verhelfen.

Der Berichterstatter (hier und im Folgenden als Quelle A bezeichnet) schildert also eine in der Hölle ungewöhnliche Situation: Großer Bahnhof für einen vom Teufel eingefangenen Menschen unmittelbar nach dessen Ableben. Dabei erhalten wir zwei interessante Informationen: erstens: auch in der Hölle gibt es eine strenge Hierarchie, und zweitens:

bereits zu unseren Lebzeiten gibt es einen „höllischen Begleiter", einen den Menschen umschleichenden Geist des Bösen. Vielleicht ist der Berichterstatter sogar mit dem höllischen Begleiter des gerade in die Unterwelt eingebrachten Menschen identisch; jedenfalls dürfte er seinen Bericht unmittelbar unter dem Eindruck des Geschehnisses verfaßt haben. Er läßt deutlich werden, daß eine Versammlung der geschilderten Art – bei der also der höchste Herr der Finsternis persönlich anwesend ist – selbst in der Hölle zu den Seltenheiten zählt. Sollte der Erzähler aber mit der bereits erwähnten außerparlamentarischen Opposition der Hölle identisch sein – also selbst für die Überbringung des Dokuments verantwortlich –, so darf der Leser aus der Schilderung der höllischen Festordnung und strengen Disziplin keine Fehlschlüsse ziehen: Allein die Tatsache, daß wir zum Ohrenzeugen einer höchst geheimen Versammlung werden, gibt uns Macht, den Vorgängen mit Gelassenheit zu folgen und die jetzt unmittelbar anschließende Ansprache des Fürsten der Unterwelt selbst angstlos zur Kenntnis zu nehmen.

Ihre Arbeit, so sprach er denn auch zu dem ohne Scheu vor ihm stehenden Mann, hat mich beeindruckt, und je länger ich sie beobachtete, von Ihrer besonderen Fähigkeit zur Systematik und Ihrem einfallsreichen, zeitgemäßen Sachverstand überzeugt. Auch die Höhe Ihres Bewußtseins, nämlich Ihre klare Einsicht, daß all Ihr Tun uneingeschränkt im Dienst meines Reiches stand, die ungeschminkte Entscheidung, Ihr Leben der Aufgabe zu weihen, am Untergang des Menschengeschlechtes, an der Vernichtung der Schöpfung zügig zu arbeiten, hat mir Bewunderung abgenötigt; denn das meiste, was hier so anlandet (und dabei zeigt Diabolos auf einen fleischigen Haufen lebendiger, übereinandergeschichteter Leiber) ist doch nur Kroppzeug – arme Sünder, die nie ganz begriffen haben, wem sie zeitlebens in die Hände arbeiteten und an wen sie ihre Seele verkauften. Nur die fest Entschiedenen sind die eigentlich Wirksamen – das ist eine alte, täglich neue Erfahrung der Hölle.

Das Besondere Ihres Lebens bestand darin, nicht nur eines dieser zahllosen hundsgemeinen Schicksale aufgenötigt bekommen zu haben, die Gott seinen „Kindern“ zumutet – geschiedene Eltern, Gezanke um Sie als Kind, dann Fallengelassenwerden von Ihren Erzeugern und öffentlicher Erziehung Anheimgegebensein, nachdem eine herrliche, fast schon teuflische Aggressivität in Ihnen erblüht war – nein, Sie faßten (freilich in der treuen Hut Ihres Schutzteufels) den Entschluß, nicht nur nicht aufzugeben und Ihre Gefängniskarriere fortzusetzen, – Sie faßten den Entschluß, sich die Voraussetzungen zu einer größeren Wirksamkeit des Teuflischen zu schaffen. Sie paukten für das Abitur, Sie bezogen die Universität, und Sie widmeten sich dort, gezielt im Hinblick auf Ihr Vorhaben, den sogenannten Humanwissenschaften; denn das ist richtig: Den modernen Menschen muß man kennen, nicht nur mit all der kleinkarierten Psychologie seiner miesen Seele, sondern auch mit den Schädigungsmöglichkeiten während seines Werdens, genannt Pädagogik, Psychopathologie und all dem, was man wohl bei Euch unter dem Begriff Gesellschaftswissenschaft zusammenfaßt.

Diese Rede des Teufels persönlich (Quelle C) unterscheidet sich in einigen Stilelementen von Quelle A und B. Da er im vorliegenden Dokument nur hier das Wort ergreift (und auch in der sonstigen Literatur nur in seltenen Fällen und dann meist maskiert – z. B. als Schlange – spricht) sind seine Ausführungen von grundsätzlicher Wichtigkeit.

Einmal habe ich freilich persönlich eingegriffen, als Sie sich, doch auch ein wenig anfällig für unser tägliches Versprühen von Giftwolken zwecks Vernebelung des gesunden Menschenverstandes, zu weigern anschickten, die moderne Tierverhaltensforschung samt der modernen Theologie zu integrieren (das ist glücklicherweise für den Teufel heute gänzlich ungefährlich geworden) und es für überflüssig hielten, die Couch eines Psychoanalytikers zu frequentieren. Mir war klar: Die Kenntnisse, die sich in diesen Gebieten erwerben ließen, waren unverzichtbar, wenn Ihre Begabung zum vollen Einsatz gelangen sollte. Der Erwerb aller dieser Erkenntnisse, Ihr Sinn für Systematik, vor allem aber Ihre unverhohlene Absicht, sich in den Dienst unserer Endlösung zu stellen, hat die erstaunlichsten Erfolge gezeitigt.

Und Diabolos fährt fort: Schauen Sie sich dieses Schaltbild an der Wand an: Einzelne Teile der Bundesrepublik Deutschland, in der Sie gearbeitet haben, sind bereits erfolgreich verdunkelt und damit fest in unserer Hand. Immerhin blinken noch Lichtpunkte auf. Wir müssen sie so schnell wie möglich auszuschalten suchen; dann gibt es für die Wirksamkeit meines Intimfeindes Gott keinen Ankerplatz mehr, und dann läßt sich das Vernichtungswerk rasch vollenden. Freilich ist das Ziel noch nicht erreicht, aber dazu sollen Sie uns verhelfen, und dazu kann Ihr Geist von hier aus gezielter und flächendeckender eingesetzt werden. Es ist in diesem Stadium auch Eile geboten, denn die Seelendunkelheit erzeugt Unglück, Kummer und Leid, und dieses wiederum kann immer mehr Menschen zu Anstrengungen veranlassen, aus dem Sumpf herauszukommen. Leid schafft Bewußtseinserhellung, und die gilt es zu verhindern.

Die hier vom Teufel (Quelle C) abgegebene psychologische Analyse ist meisterhaft und enthüllt in schonungsloser Deutlichkeit und erschreckendem Zynismus die zielstrebige Strategie und die souveräne Beherrschung der Mittel, um einen Menschen in Versuchung zu bringen und sich so zum geneigten Objekt zu machen. Dabei wird abrißhaft die ganze Tragödie des dem zerstörerischen Geist dienenden Menschen deutlich: Seine traurige Kindheit, seine fehlende Verwurzelung minderte zunächst seinen Lebenserfolg in Elternhaus und Schule (als Jugendlicher wurde er wohl bereits straffällig); dadurch wurde sein Selbstwertgefühl und dadurch seine Widerstandskraft gegen das Böse gemindert. Die Psychologin Christa Meves hat eine solche Vorgeschichte geradezu als ein „Schlupfloch für den Teufel in der Seele des Menschen" bezeichnet. Mir selbst ist es beim Über-

setzen wie Schuppen von den Augen gefallen, daß für einen Menschen, der seelisch nicht gefestigt und nicht sicher darin ist, seinen Lebenserfolg im Guten suchen zu müssen, das Universitätsstudium – besonders der hier vom Teufel anempfohlenen Wissenschaften, die sich der unmittelbaren Kontrolle an der Wirklichkeit entziehen – zusätzlich einen negativen Einfluß zu nehmen vermag. Sachverstand ohne Liebe kann wohl in der Tat zu einem teuflischen Instrument werden, da sich Wahrheit und Lüge in den aufgezählten Wissenschaften nicht so leicht erkennen lassen, wie in der Physik oder in meinem Metier, der reinen Altphilologie. Deshalb wird uns der erschreckende Zynismus dieses Intellektuellen, der hier den Auftrag bekommen hat, den Oberteufeln in einem Seminar Dienstanweisungen zur Menschenverführung zu geben, vom Anbeginn seiner nun einsetzenden Rede an noch schwer zu schaffen machen.

Meister, sagte der Mensch, Ihre Bedenken scheinen mir, erlauben Sie bitte, ein wenig antiquiert zu sein. Bitte vergessen Sie nicht: Sie haben zwar nicht die Elektronik erfunden, aber Sie haben es verstanden, sie in Gestalt der elektronischen Medien fest in Ihren Dienst einzubinden. Die Versprühtechniken Ihres geistigen Giftgases haben damit quasi Vollkommenheitscharakter. Wer will da noch dagegen anblinken?

Junger Mann, erwiderte der Teufel, als ich jung war, habe ich das auch gelegentlich, aber wie sich dann herausstellte, meist voreilig gedacht. Die Findigkeit und Beharrlichkeit dieses Herrn dort oben ist immer wieder ebenso bedrückend wie erstaunlich. Aber dennoch bin auch ich guten Muts, und ich bitte Sie deshalb, unverzüglich mit einem systematischen Kolleg vor meinen Angestellten zu beginnen.

1. KOLLEG

DAS GRUNDPRINZIP DER VERFÜHRUNG

Erlauchte Mitarbeiter!

Zunächst eine Vorbemerkung kritischer Natur: Nachdem ich mir innerhalb meiner irdischen Karriere Eurer ständigen Gegenwart und Bemühung bewußt geworden war und ich aus subjektivem Rachedurst an meinen Erzeugern und an Gott wegen der Ungerechtigkeit meines jungen Schicksals den Entschluß gefaßt hatte, mich in Euren Dienst zu stellen mit dem Ziel, das Schöpfungswerk mit zerstören zu helfen, ist mir das Diffuse Eurer Einsatzweisen doch oft erheblich auf die Nerven gefallen. In manchen Teufeln lebt anscheinend noch zu sehr der Geist eines Kleinkindes, das eben einfach zertrampelt oder an die Wand schmeißt, was ihm nicht paßt. Oft ist in Euren Aktionen das Element des Chaotischen, des Anarchistischen zu vordringlich sichtbar; das Endziel wird in Kleinaktionen zu unverstellt exemplarisch vorexerziert. Und das, meine Herren Kumpel, mindert das Tempo Eures Fortschritts. Zerstückeln, durcheinanderwerfen, verwirren, zersetzen, zerschlagen – das freilich sind zentrale, unaufgebbare Tätigkeitsformen Eures Wirkens. Aber warum – so habe ich mich oft gefragt – geht Ihr nicht planvoller vor? Liegt es daran, daß das Ziel, die absolute Ungeordnetheit in Euch selbst das Hauptgewicht hat? Das würde eine gefährliche Minderung der Qualität Eurer Arbeit bedeuten. Aber gerade deshalb ist der mir hier von Diabolos zugedachte Auftrag höchst willkommen; denn die Sicherung des Zieles, die Zerstörung der Erde, wird nur mit Hilfe einer optimalen Kenntnis über die Natur des Menschen möglich sein.

In souveräner Kenntnis der Situation schildert der Meister des Kollegs (Quelle B) hier einer Versammlung von Oberteufeln die gebotene Taktik für jeden gezielten Einsatz. Er weiß sich seinen Hörern offensichtlich überlegen, was wohl mit dem erwähnten Unter-vier-Augen-Gespräch mit dem Teufel selbst zusammenhängen dürfte, falls wir nicht generell annehmen wollen, daß Überheblichkeit und illusionäre Selbstüberschätzung zu den Merkmalen seiner Mitarbeiter gehören. Tatsächlich ist das „Zerstückeln, Zersetzen, Zerschlagen" der alleinige Lebenssinn der gefallenen Geister, die sich die Devise setzen: Denn was besteht, ist wert, daß es zugrunde geht! Der Begriff „Diabolos" bedeutet wörtlich der Durcheinanderwerfer, und genau in dieser Kunst soll der Vortragende dem erlesenen Hörerkreis ein Oberseminar halten.

Nun, ich sehe einige erhabene Geister jetzt abfällig grinsen: Gewiß, Ihr habt Jahrtausendpraxis und Jahrtausenderfolg. Aber, so haben meine Überlegungen ergeben, die Geister der Unterwelt neigen bei aller Tüchtigkeit doch auch zu einer erfolgsmindernden Schwäche: zu einer folgenschweren Verdrängung über eine Grundgegebenheit der menschlichen Existenz. Deshalb am Anfang mein dringlicher Appell: Bleibt, selbst wenn es Euch schüttelt, schmerzt und erregt, bei der unangenehmen Wahrheit! Fangt nicht an, Eure den Menschen eingeflüsterten Lügen, daß er nur ein Produkt des Zufalls, ein sinnloses Blatt im Wind sei, selbst zu glauben. Ihr mindert damit Eure Wirksamkeit in zentralster Weise. Nur wer die Gesetze der Physik genauest studiert hat, kann Atombomben konstruieren, – nur wer die Grundstruktur des Menschen unerschrocken in sein Blickfeld rückt, kann ihn einfangen, ohne daß ein Ausweg bleibt. Ihr zeigt gute Ergebnisse durch Detailbeobachtung; aber ganze Völker würden Euch wie die Heringsschwärme auf einen Schlag ins Netz gehen, wenn Ihr den Mut hättet, vor jeder Aktion neu die schmerzhafte Erinnerung in Euer Bewußtsein zu holen: Der Mensch ist ein von Gott geschaffenes Wesen, jeder einzelne als unwiederholbare, in dieser speziellen Form einmalige Person. Durch jede einzelne dieser Personen hindurch – und mag sie noch so schwach und krüppelhaft sein – verfolgt Gott das Ziel, im Fleisch Seinem Geist, dem Geist der Liebe zur Wirklichkeit zu verhelfen. Ihr alle wißt es: Das ist ein blödsinniges, verabscheuenswertes Ziel und zudem hoffnungslos unerreichbar, denn gleichzeitig hat Gott den Größenwahnsinn begangen, als Voraussetzung dazu dieses lächerliche Geschöpf Mensch mit einer riesigen Portion Freiheit auszustatten. Logisch ist es freilich: Es kann keine Herrschaft der Liebe geben, die mit Gewalt erzwungen wird.

Eine bemerkenswerte Passage, die uns die gespenstische Ausgangslage deutlich macht: Der höllische Dozent spricht hier eine für ihn unangenehme Wahrheit (den göttlichen Ursprung des Menschen) aus, um sie in die Strategie des Teufels einzuplanen. Hierbei übersieht er aber, wie aussichtslos sein Kampf von vornherein sein muß, wenn wir *diese gleiche, für uns höchste Gnade bedeutende Wahrheit in unsere eigene „Strategie" dem Verführer gegenüber einplanen: Sie macht uns dann fähig, unsere „riesige Portion Freiheit" seinen Absichten entgegenzusetzen und im entschlossenen Ja zu Gott den siegreichen Bund gegen das Böse zu schließen. Er nennt das freilich „Blödsinn", wie die folgenden Zeilen zeigen.*

So liegt im Grunde der ganze Blödsinn schon im Grundkonzept und in der Zielsetzung. Aber für uns ist die Sache dennoch so etwas wie ein hartnäckiges Geschwür, denn auf eine raffinierte Weise gehört es in sein Grundkonzept, die Menschen ihren Sinn im Plan Gottes spüren zu lassen – ach nein, das ist viel zu ungenau ausgedrückt, es ist vielmehr so: In seine gesamte Entwicklung, in seine Physiologie mit all ihren Instinkten, Reflexen und Empfindungen ist das Endziel wie ein Code gewissermaßen eingestanzt, vorprogrammiert, aber so verschlüsselt, daß von außen kaum daranzukommen ist. Die Menschen sollen das natürlich auch nicht in voller Bewußtheit begreifen, sonst würde ihnen jeder Impetus abhanden kommen, und sie würden nur danach trachten, in den Himmel zurückzugelangen – und davon ist schließlich ohnehin überreichlich vorhanden. Kein Mensch käme dann noch auf die Idee, sich durch den Erdenmoder lebenslänglich so mühsam hindurchzuwühlen. Das Erhalten, Gestalten, Erfinden – all diese typischen Eigenschaften des „kleinen Gottes der Welt“ wären dann bald dahin. Der Mensch soll das also nicht wissen; ihm ist vielmehr die Verrücktheit aufgenötigt, zu *glauben*, d. h. Gott und sein Ziel anzuerkennen, zu lieben und darauf zu vertrauen, ohne es je zweifelsfrei erkennen zu können.

Aber wir, die Gott-Übermächtigen, die Herren der Finsternis, dürfen an den Tatsachen nicht vorbeisehen, sonst bekommen wir den Menschen nicht sicher genug in den Griff. Erstes Ziel unserer Arbeit am Menschen muß deshalb sein, alles in Bewegung zu setzen, um die Zweifel an Gott zu mehren, ja am besten so viele Staaten wie möglich aus dem Boden zu stampfen, in denen Religionsausübung abgeschafft wird. Grundsätzlich ist es dabei besser, die Religion zu verhöhnen und für veraltet zu erklären, als sie rigoros zu verbieten; denn das erzeugt gefährliche Gegenbewegungen. Je klarer das Gespür des Menschen für den Sinn seiner Existenz in seinem kurzen Erdendasein wird, um so mehr ist er gegen unsere Machenschaften gefeit. Ihr könnt hingegen um so gezielter und um so systematischer arbeiten, je mehr Ihr einerseits seine Ahnung eines geplanten Lebenssinnes vernebelt, andererseits aber die auf das Endziel hin vorprogrammierten Eigenschaften des Menschen ins Auge faßt und sie für die Zielsetzung des Diabolos, die Vernichtung der Schöpfung, zielgerecht umfunktioniert. Ihr müßt quasi den Strom der Energie, der eigentlich das Ziel hat, dem meerischen Sammelbekken Gott zuzufließen und sich mit ihm zu vereinen, in Euer Flußbett umleiten.

Hier läßt der Teufel – wenn das kühne Bild gestattet ist – gewissermaßen die Katze aus dem Sack. Dieser Absatz in der Analyse des Kollegmeisters zeigt die Quelle für den Wi-

*derstand gegen das Böse so eindeutig auf, daß wir gewiß sein dürfen: Es ist höchst unerwünscht für den Teufel und seine Mitarbeiter, daß wir diese Hinweise ausgerechnet aus dem Munde eines seiner Meisterschüler erfahren: Der göttliche Ursprung des Menschen soll fest in die Strategie des Teufels eingeplant werden. Bemerkenswert, wie klar hier im Hauptquartier des Gegners erkannt wird, daß die bewußte Einsicht in die Erschaffung des Menschen durch einen liebenden Gott allein für Verführung unangreifbar macht. Als sinn*voll *und gottgewollt erfahrenes Schicksal bewahrt vor dem Untergang und führt auf den Weg, der von Gott gemeint ist, als sinn*los *erkanntes Leben bildet für das Böse den willkommenen Pflanzenboden für Verzweiflung und Verführbarkeit. Deshalb kann der ungeheure Verlust an Glaubensgewißheit, der sich im Zuge der naturwissenschaftlichen Aufklärung und des Siegeszuges der Technik in unserer Zeit ereignet, diese Sinnentleerung des Daseins durch den Zufall als einzigem Welthintergrund, der den Menschen zum „Zigeuner am Rande des Universums" (Monod) macht, für die Angriffe des Bösen schließlich auch planmäßig genutzt werden. Welche Scheußlichkeit: Man vernebelt die Ausrichtung des Menschen auf seinen Zielpunkt (Gott) und nutzt die eigentlich und immer noch vorhandenen guten Kräfte, die im Menschen angelegt sind, um sein Lebensziel zu erreichen, für das Böse aus. Das ist in der Tat schlimm erfolgversprechend: den Menschen gerade in seinem Streben und seiner Sehnsucht nach dem Guten in seinem Richtungslosgewordensein für das Böse schamlos zu mißbrauchen. Das also ist das Grundkonzept dieses fatalen Kollegs!*

Diese Verfahrensweise hat unermeßliche Vorzüge: Der Grundtrieb des Menschen, an der Verwirklichung des göttlichen Plans teilzuhaben, ist von enormer Stärke. Er wirkt in unendlich vielen Bereichen unentwegt konstruktiv. Er ist aber am wirksamsten in der Begeisterungsfähigkeit des Menschen, im Hingerissensein, in dem freiwilligen Einsatz für eine ganz, ganz große Sache – in der Radikalität des Engagements. Diese Radikalität, die Einsatzbereitschaft, muß für das widergöttliche Endziel umfunktioniert werden; natürlich nicht unter gleichzeitiger Bewußtseinserhellung. Das hält der Mensch im allgemeinen nicht aus, denn er ist eben so konstruiert, daß er auf Deubel komm raus das Gute will (ohne gut zu sein, wohlgemerkt!).

Eine höchst bemerkenswerte Feststellung, die auch mitten im diabolischen Kontext nichts von ihrer Wahrheit verliert und den Leser in der skurrilen Formulierung des „auf Deubel komm raus" nicht verunsichern darf. Unser gelehrter Humanwissenschaftler kennt offenbar sehr genau die rousseauistische Ideologie, die den Menschen für gut und nur die Gesellschaft für böse erklärt (er wird in seinen Einflüsterungen diese Fehlmeinung wohl auch kräftig für seine bösen Absichten nutzen), aber er ist klug genug, nicht selbst darauf hereinzufallen. Er bedient sich der Wahrheit, wie sie auch im biblischen Menschenbild aufgezeigt ist: Der Mensch ist von Anbeginn an gefährdet und anfällig für das Böse (weil er in eine gefallene Schöpfung hineingeboren wird), aber er „streckt sich nach vorn" wie Paulus sagt, oder um mit Goethe zu sprechen: Er ist sich „in seinem dunklen Drange des rechten Weges wohl bewußt".

Der Mensch muß also von uns über die Bösartigkeit der Ziele im Dunklen gehalten werden. Er muß die Fehlvorstellung haben, im Dienst des Besten zu stehen. Das ist generell auch sehr leicht erreichbar. Es ist lediglich nötig, bei den ganz normal unvollkommenen Dingen alles Irdischen überbetont die Schattenseiten, das immer auch vorhandene Negative oder Mißbräuchliche in den Vordergrund zu stellen und Änderungsvorschläge einzuflüstern, die oberflächlich dem Mißstand abzuhelfen scheinen, die in der Tiefe aber eine Teufelsklaue haben, d.h. deren Durchführung bei vielen Menschen schließlich allgemein großes Unglück und Seelenschaden entstehen läßt. Etwa indem Ihr einflüstert: ‚Guckt Euch einmal die bösen Unternehmer an, wie nutzen sie ihre

Lehrlinge aus. Die müssen viel zuviel arbeiten. Helft denen drum – um der Liebe, um der Gerechtigkeit willen!‘ Die Jugendlichen entdecken auf diese Weise ihre Rechte, statt ihre Pflichten, ihre Faulheit, statt Freude am Fleiß zu gewinnen. Ihre Arbeitslust sinkt ab, ihre Mißlaunigkeit und ihre Verführbarkeit nehmen zu. Der Köder (hier Gerechtigkeit für die Schwachen) muß also groß und schmackhaft sein. Der Rest ist dann leicht zu bewerkstelligen. Die Hauptsache ist, daß der Haken erst sichtbar wird, wenn es zur Umkehr zu spät ist. Auf eine solche Strategie der Vernebelung ist der allergrößte Wert zu legen.

Genau nach dieser Strategie verlief auch die Verführung der Jungen (und der Alten) im Dritten Reich. Wir werden diese Epoche unserer eigenen Geschichte niemals richtig verstehen und „bewältigen“, wenn wir nicht begreifen, daß damals das hier erwähnte Rezept angewendet wurde: teuflischer Mißbrauch der guten, *hellen und zukunftsbezogenen Seelenkräfte eines ganzen Volkes. Weil durchaus der Eindruck erweckt wurde, jeder stehe „im Dienste des Besten“ (für das der sogenannte „Führer“ als Symbolfigur diente), geriet ein ganzes Volk in Abgründe in denen dann für viele „jegliche Umkehr zu spät“ war! Bessere Kenntnis solcher Teufels-Strategien hätte einer ganzen Generation entsetzliches Unheil ersparen können. Vor allem wäre es aber für die Nachgeborenen notwendig, die ungeheuerliche Raffiniertheit der damaligen Verführung dieser das Gute und Hohe meinenden Generation zu verstehen. Erst dann würde man nämlich zu einer der Situation gerecht werdenden Beurteilung der damaligen Verführten kommen. Noch mehr: Auf dem Boden tiefgründiger Einsichten wäre man vielleicht in der Lage, die Teufelstricks in unserer augenblicklichen Lage zu durchschauen. Erkennte man erst die gleiche Handschrift des Bösen auch und gerade heute in Deutschland, so könnte man den Grad der Gefährdung abschätzen, statt hochmütig und blind gegen die Wirklichkeit die Vorstellung zu hegen, daß einem also als junger Mensch von heute dergleichen ge-*

wiß niemals geschehen könnte. Und dabei sitzen gerade die lautesten Spötter meist schon tief drinnen im Netz! Nur ein bewußtes Entlarven der teuflischen Strategien also könnte uns heute den Wiederholungsfall ideologischer Verführung ersparen! Die folgenden Kollegs werden reichlich Gelegenheit geben, solche Kenntnisse zu erwerben.

Freilich habe ich durch mein eigenes Schicksal gelernt: Es kann in langfristiger Planung auch dieses in Aktion gesetzt werden: bei immer mehr Menschen die Zerstörung der Erde und des Menschengeschlechts bewußt zum Ziel ihres Lebens zu ernennen, wie ich es getan habe. Aber das ist noch ein weiter Weg, der eine höhere Erkenntnisebene voraussetzt.

Bitte merkt Euch zunächst den Grundsatz der diabolischen Systematik: Es gilt, Vorbefindlichkeiten des Menschen, die eigentlich zu einer konstruktiven Mitarbeit an Gottes Plan und Ziel gedacht sind, systematisch umzubiegen, umzufunktionieren hinein in die konträre Absicht des Herrn der Finsternis: das Ziel Gottes zu vereiteln und die Schöpfung ihrer natürlichen Bestimmung, der Vernichtung zuzuführen. Am Fall der Bundesrepublik Deutschland soll das verdeutlicht werden, weil hier in diesen Jahrzehnten bereits sehr erfolgreich von Euch gearbeitet worden ist, und weil es zu den unnachahmlich schlauen Verfahrensweisen von Diabolos gehört, mit der Zersetzung vornehmlich in alten Hochburgen des Geistes zu beginnen.

Es geht um uns! Die gesamte teuflische Strategie dieser Kollegs, die uns auf so eigenartige Weise zur Kenntnisnahme zugespielt wurde, nimmt die Bundesrepublik Deutschland zum Modellfall. Sie gilt – welch zweifelhafte Ehre aus dem Munde von Teufeln! – als „Hochburg des Geistes", auf die sich der Angriff konzentriert. Mag sein, daß es ähnliche Strategien auch für andere Länder und Völker gibt, aber unser Land scheint gegenwärtig einer der wichtigsten Schauplätze der Auseinandersetzung zwischen hellen und dunklen Mächten zu sein.

2. KOLLEG

STATT FREIHEIT – VERWILDERUNG

Erlauchte Geister der Finsternis!

Unaufgebbar ist es, an den Anfang unserer Systematik den Hauptimpuls des Menschen zu setzen, obgleich er Euch hinlänglich bekannt ist. Schließlich bildet er die Voraussetzung des diabolischen Gegenpols in der Schöpfung. Dieser Impuls ist eben eine dominante Eigenschaft des Schöpfers selbst, er ist als eine einmalige, hohe Auszeichnung unter den irdischen Geschöpfen allein dem Menschen verliehen worden: Es ist der Drang nach Selbständigkeit, nach Unabhängigkeit – eben nach *Freiheit.* Die Absicht Gottes bei diesem Geschenk an die Menschen ist die seltsame Vorstellung, daß es ihnen innerhalb ihres Lebensganges gelingen könne, sich von vielerlei lästigen Eierschalen loszumachen, um sich hier fest genug einzuwurzeln und sich schließlich – und das ist für den lächerlich schwachen Menschen eine groteske Überforderung – freiwillig, weil bewußt, unter den Gehorsam für Gott zu stellen.

Selbst in der negativen, haßerfüllten Sicht „von unten" wird hier noch deutlich, was als Wahrheit für den Weg des Menschen gilt: sich freiwillig unter den Gehorsam Gottes zu stellen. Daß dieses Ziel eine „groteske Überforderung" sei – nun: das eben ist der Irrtum des Teufels, der ihn einst zum Teufel machte.

Wie gesagt: Das Konzept ist irre. Es hatte daher die Institutionalisierung unseres Herrn der Finsternis zur Folge. Nur als ein kleiner Exkurs zu Eurer Erinnerung ein Rückblick in

Eure Historie: Wie Euch bekannt ist, war für den größten und freiesten aller Engel, Luzifer, gerade dies unerträglich: das Delegieren von Freiheit, ausgerechnet an den Menschen, untätig mitansehen zu sollen. Luzifer kündigte Gott deshalb den Dienst auf und setzt seitdem alles daran, dem elenden Experiment Mensch ein möglichst rasches Ende zu bereiten. Der erste Versuch zum Umfunktionieren des Menschen wurde deshalb auch folgerichtig von Luzifer in diesem zentralen Punkt angesetzt und führte, wie Ihr wißt, zu einem Sieg von unermeßlicher Tragweite, kaum daß die ersten Exemplare dieser neuen Schöpfung verfügbar waren. Sie rasselten nur so in die Falle – diese Eva, dieser Adam! (Denn natürlich wollten sie, nachdem sie die Freiheit erst einmal geschmeckt hatten, nun auch frei sein von Gott. Diese Freiheit durch den Gehorsam der Menschen an Gott beschneiden zu wollen, wäre doch auch ein gar zu unhaltbares Konzept, wie Luzifer in Gestalt der Schlange mit sicherem Scharfblick erkannt hatte.)

Bitte haltet also dieses bei Euren Aufgaben in der Gegenwart eisern in Eurem Bewußtsein: Am unmittelbarsten und am erfolgversprechendsten ist es, den Menschen einzuflüstern, sie könnten sein wie Gott, und das heißt, den schönen Trieb nach Befreiung umzufunktionieren in ein Betätigen von Eigenmächtigkeit, Machtanmaßung und Selbstherrlichkeit.

Eine sachlich richtige Schilderung von Luzifers Fall, allerdings in der verdrehten Sicht der Hölle, die den Vorgang zum „Sieg" umlügen will und den größten Erfolg darin sieht, andere mit sich hinabzuziehen in das Nein und in den Ungehorsam. Mir selber ist durch diese Passage des Dokuments dieser Zusammenhang erst so richtig deutlich geworden: Daß es für den Menschen Freiheit überhaupt nur im Gehorsam für Gott gibt – und daß deshalb sich die Hauptversuchung des Teufels auf die Verführung zum Ungehorsam und zur Machtanmaßung richten muß. Denn gerade seine so ersehnte Freiheit verliert der Mensch paradoxer-

weise, wenn er danach trachtet sich die absolute Befreiung von Gott zu erschleichen. Dann beginnt das ganze Elend durch all die Gefangenschaften des Menschen an sich selbst! Aber mit welch eitlem Stolz wird hier vom Sündenfall der Ureltern des Menschen gesprochen – und wie teuflisch konsequent wird hier verschwiegen, daß durch Christus für die Menschen die Möglichkeit besteht, vom Sündenfall losgesprochen zu werden!

Die Gegenwart bietet auf dem Feld der Verführung zur Eigenmächtigkeit ungeahnt erfolgversprechende Möglichkeiten. Und ich darf Euch mahnend zurufen: Bitte schöpft sie wirklich voll aus! Denn schließlich ist der Mensch schon von der ersten Wehe im Mutterleib an ein sich unablässig Befreiender, ein geradezu determiniert in die Unabhängigkeit Drängender. Verhindert bereits bei Kleinkindern die Vorerfahrung, daß die beste Freiheit die ist, die den Schutzraum des Gehorsams respektiert, veranlaßt mit dem Schlagwort „antiautoritäre Erziehung", daß die Mütter, die dafür besonders empfänglich sind, die Kinder total gewähren lassen. (Und dazu habt Ihr heute über die Medien alle Möglichkeiten!) Die Maßlosigkeit an Freiheit in so frühem Lebensalter macht die Menschen unfähig, später auch nur kleine, notwendige Einengungen zu ertragen. Der Trieb nach Befreiung wird dadurch in einer ungerichteten, überdimensionalen Weise anarchistisch angeheizt zur Selbstherrlichkeit, zu einer vorwitzigen Überheblichkeit, die bei Kindern im Grunde eine besonders abstoßende und widerwärtige, für uns aber gerade deshalb recht erfreuliche Erscheinung ist. Auf diese Weise habt Ihr bald ganze Scharen der jungen Generation in Euren Fängen, denn dann werden sie allergisch gegen jede Form von Verzicht. Sie werden freiheitssüchtig und erheben es zu ihrem Lebensziel, sich und die anderen von „Einengungen" und „Zwängen" jeglicher Art zu befreien. Ein solches Konzept verabsolutierter Freiheit führt automatisch ins Tohuwabohu.

Die Frankfurter Allgemeine Zeitung berichtete am 20. 5. 1981: „Öffentliche Münzfernsprecher und Fernsprechhäuschen werden in zunehmendem Maße Ziel der Zerstörungswut meist jugendlicher Täter. So mußte die Bundespost im vergangenen Jahr etwa 64000mal Schädigungen an ihnen beseitigen und dafür fast 11 Millionen DM aufwenden. Seit dem Jahr 1976 hat sich die Zahl der Schadensfälle fast verdoppelt." Der Münchner Merkur berichtete über das Anwachsen der Roheitsdelikte in der Schule und der Diebstahlskriminalität, und fährt fort: „Keine Jugend ist von sich aus prädestiniert zur Kriminalität. Nach 10 Jahren Emanzipationserziehung (Ausschaltung der etablierten Erziehungskräfte zum Zweck verabsolutierter Freiheit) und antiautoritärem Rummel aber steht fest, daß ein Teil unserer jungen Leute heute viel stärker prädisponiert dafür ist. Das Potential des Bösen hat zugenommen."

Ein prächtiger Ansatz zur Breitenwirkung besteht heutzutage auch darin, über die Nachmittagssendungen im Fernsehen den ABC-Schützen bewußt zu machen, wie sie in Schule und Elternhaus unterdrückt werden, wie widerwärtig Erwachsene und wie engelhaft forsch, klug und weise sie selbst seien. Das bewirkt, daß sie spätestens im Alter von fünfzehn Jahren – nach unterstützender Fortführung dieser Fehlvorstellungen durch Lehrer und Schulbücher – in einem bösen, unausweichlichen System von Zwängen zu stehen meinen, gegen die sie selbst machtlos wären.

Diese Richtlinien werden in den Schulbüchern bei uns leider schon weitgehend befolgt. So konnte man in einem in Niedersachsen amtlich zum Schulgebrauch zugelassenen Lesebuch „Drucksachen" (Pro-Schule-Verlag, 1. Aufl. 1974, S. 127) den Satz finden. „Wenn die Eltern um die Ecke glotzen, mußt Du ihnen in die Fresse rotzen!" (Im Sinne unseres Kollegmeisters zweifellos ein hübscher Vers.) Allerdings bewirkte in diesem Fall der massive Widerstand der Eltern schließlich die Herausnahme dieses Verses, in dem sich die eifrigen Autoren offensichtlich als allzu gelehrige Adepten der Verführungs-Strategie erwiesen hatten.

Es sollte für Euch ein Kinderspiel sein, den in dieser Weise vorbereiteten Boden unbehaglicher Gefühle von „Eingeengtheit" bei den Heranwachsenden, die im Grunde nur durch eine unrealistische Überdehnung des Freiraums und durch eine Fehleinschätzung ihrer realen Situation in ihrem persönlichen Schicksal entstanden sind, umzufunktionieren in eine Kampfbereitschaft gegen die, die diese „Einengung" hervorrufen. Hört gut zu: Von Gott ist es eigentlich so gedacht: Um den jungen Menschen zu beschütztten, braucht er zunächst Hüllen, Grenzzäune, Verbote. Wenn ihm die in seinem natürlichen Wachstumsprozeß zu eng werden, dann ist jeweils der Zeitpunkt zum Sprengen der Hüllen gekommen. In der Pubertät soll den jungen Menschen das Bewußtsein ihrer Fesseln helfen, damit aus der Raupe ein Schmetterling wird, nicht mehr und nicht weniger. Diesen guten Impuls könnt Ihr zu einem starren, bösen Prinzip machen. Fordert Freiheit um jeden Preis, schon für die Säuglinge, schon für die Schulkinder! Und den Jugendlichen könnt Ihr suggerieren, daß die bösen Erwachsenen ihnen die Befreiung zu verwehren suchen, und so könnt Ihr den eigentlichen Drang vom personalen Bemühen auf die zu Feinden gemachten Erzieher hinlenken.

Wieder liefert hier der Teufelslehrer eine konstruktive Wahrheit der Entwicklungspsychologie an: Grundsätzlich sind Gefühle der Eingeengtheit ein Stimulans zur Veränderung. Sie, als notwendiger Entwicklungsfortschritt, wird aber behindert und findet schließlich überhaupt nicht mehr statt, wenn man jegliche Einengung abschafft – etwa indem man für die Kinder ein Übermaß an Freiheit zur aggressiven Forderung erhebt. So wurde in den hessischen Rahmenrichtlinien für das Fach „visuelle Kommunikation" (das ist der frühere Zeichenunterricht) empfohlen, die Kinder (bereits im Grundschulalter!) Familienfotos mitbringen zu las-

sen und an den groß in der Mitte thronenden Eltern das Repressive an der Familie klarzumachen.

Nach einem sogenannten „Prager Modell" wird die Sozialisation der Babys durch sogenannte „Babypartys" gefördert. Die Säuglinge werden gemeinsam auf den Fußboden nebeneinander gelegt, damit sie frühzeitig aus der „Isolation" mit ihren Eltern gelöst werden. Kinderärzte, die mehr den Schaden sehen, protestierten bisher vergeblich. Der Unsinn wird erst dann als teuflische Ideologie sichtbar, wenn man die Absicht, den Menschen so früh wie möglich aus lästigen, zur Individualität erziehenden Bindungen zu befreien, durchschaut.

Flüstert also den jungen Menschen ein: ‚Die Verhältnisse erlauben Euch die Freiheit nicht', sagt ihnen: ‚Diese derzeitige Form des Lebens, die „Gesellschaft", diese „Etablierten" mit ihrer Neigung, die Kleinen zu unterdrücken, tragen an Euren Unlustgefühlen die alleinige Schuld!' Und macht ihnen nach alter Schlangenmanier wie am ersten Tage klar, daß sie und ihre Altersgenossen die Unabhängigkeit, die Freiheit, die Uneingeengtheit aller in einem zukünftigen Paradies erstellen – allein, neu, selbst *machen* könnten. Dann habt Ihr sie rasch zu Tausenden im Griff; denn auf dieser schiefen Ebene fällt es den Jungen nun wie Schuppen von den Augen, was für selbstherrliche Sünder ihre Väter und Vorväter gewesen seien, wie die schon dem Machtmißbrauch und der Selbstherrlichkeit verfielen und heute erst recht verfallen – im Potentatentum, im Goldrausch, in der hemmungslosen Ausnutzung der Natur, im maßlosen technischen Machen. Die Jungen erkennen die Sünden wohl bei den Alten, aber sie sehen sie erst, nachdem Ihr sie selbst längst auf den gleichen Weg gelockt habt – und dann merken sie nicht mehr, daß sie bereits in der gleichen Sackgasse gelandet sind, in der man umkehren müßte zu einem neuen Ansatz.

In der Tat muß man feststellen, daß hierzulande die an sich oft berechtigten und daher hoffnungsvollen Proteste der Jugendlichen gegen „Naturzerstörung und maßloses techni-

sches Machen" in die geschilderte Richtung abgleiten. Wenn auch ein Teil der Motivation die entwicklungsbedingte Freude am Protest schlechthin ist, so sind doch subversive Einheizer und Berufsprotestler tüchtig mit am Werk, wenn zunächst friedliche Demonstrationen gegen Straßenbau oder Kernkraftwerke in Straßenschlachten und Geschäftsplünderungen ausarten. Wird so nicht genau das „Säbelrasseln" provoziert, das dann zwischen Jung und Alt das Vertrauensklima hoffnungslos zerstört – wie es der folgende Satz des Kollegmeisters beschreibt?

Dann setzt ein Säbelrasseln zwischen Jung und Alt ein, das erfolgversprechend lieblich in Euren Ohren klingt. Denn dieser schwelende Unruheherd zermürbt die Alten rasch, so daß sie gekränkt und enttäuscht die Segel streichen und in jämmerlicher Kapitulation den Jungen aus der Hand zu fressen versuchen, was bei diesen eine beispiellose Verachtung und noch mehr Bereitschaft zur Aggressivität zur Folge hat. Denn da sie eigentlich darauf angelegt und angewiesen sind, von den Alten zu lernen, erleben sie die Unterwürfigkeit der älteren Generation als eine Kränkung, als eine Weigerung von Lebensbrot, das ihnen zustünde. Deshalb ist ein solches Umfunktionieren ein Vergnügen auserlesener Art für uns, die Initiatoren der Finsternis. Im Zuge der aus ihren Angeln gehobenen, d. h. einer nicht mehr mit Ordnungen verknüpften Freiheit könnt Ihr viele bisher in ruhige Bahnen funktionierende, altehrwürdige Institutionen außer Gefecht setzen. Macht „Selbstbestimmung" zum Schlachtruf, und im Handumdrehen sind alle jene Gefüge zerrüttet, die auf eine hierarchische Struktur und maßvolle, verantwortungsbewußte Autorität angewiesen sind. Wir haben in den vergangenen Jahren, vor allem an den Hochschulen der Bundesrepublik Deutschland, vorzüglich zusammengearbeitet. Wir haben in Bausch und Bogen jeden Universitätsrektor, jede Ordinarienherrschaft mit dem freilich immer wieder vorkommenden Mißbrauch total gleichgesetzt, wir haben sie entthront, daß die Fetzen nur so flogen.

Prof. G. N. Knauer, Ordinarius für klassische Philologie an der FU Berlin, beschreibt die Entwicklung dort folgendermaßen: „Der allgemeine Wirrwarr, der Zusammenprall notwendiger Reformbemühungen mit einer ... Ideologie, die Kompliziertheit der Universitätsprobleme führte zu dem schlechtest denkbaren Universitätsgesetz. Fatal war, daß die Reformer sich einer geschickten politischen Terminologie bedienten: Reform, Demokratisierung, Mitbestimmung, Gruppenuniversität. Man sagte Reform und meinte Macht." (In einem Vortrag vor dem Bund Freies Deutschland in Berlin 1974.)

Wir haben nach dem bewährten Grundsatz, daß viele Köche den Brei verderben – daß die vielen auch nicht andeutungsweise so wirksam zu sein vermögen wie die einzelnen, die von personaler Verantwortung getragen sind –, das ganze System und vor allem die Forschungsarbeit der Begabten in eine phantastische Behinderung gebracht, die für den Teufel von beglückender Fäulnis ist. Denn auf diese Weise haben wir das Volk der Dichter und Denker nicht nur in der gegenwärtigen Forschung zurückfallen lassen und es damit in die Bedeutungslosigkeit verwiesen, wir haben diese Hochburgen des Geistes, in denen noch bis vor wenigen Jahrzehnten die grüne Luft elitären, abendländischen Geistes geatmet werden konnte, zu Ameisenhaufen von perfekter Bürokratie und Anonymität degradiert, die gerade den zartbesaiteten und hochsensiblen Exemplaren unter dem Nachwuchs zum Einfrieren ihres Geistes und zum Depressivwerden ihrer Seele verhilft. Die berechtigte, mit Beklommenheit wahrgenommene Vorstellung, daß hier nicht zu finden ist, wonach sie eigentlich suchen, führt gerade die, auf die es ankommt, in eine weitgehende Entfaltungsbehinderung. Dadurch ist auch für die Zukunft der Gefahr einer Regenerierung des Leistungsniveaus der Universitäten diabolisch erfolgreich entgegengewirkt.

Eine schonungslos deutliche Beschreibung der Vorgänge, die tatsächlich zu einem weitgehenden Niedergang der einst in aller Welt berühmten deutschen Hochschulen geführt haben. In den Veröffentlichungen des „Bundes Freiheit der Wissenschaft" finden sich Hunderte von Belegen und Beispielen für diesen Niedergang. So Prof. Scheuch (Freiheit der Wissenschaft, 1–2/81, S. 4) „ausländische Beobachter bescheinigen uns, daß insgesamt die deutsche Universität und damit die deutsche Wissenschaft in internationaler Sicht heute nur noch gutes Mittelmaß ist, was in längerfristiger Betrachtung einen gewaltigen Qualitätsverfall darstellt. Es ist zu fragen, wie ein wirtschaftlich so bedeutendes Land wie die Bundesrepublik mit diesem Mittelmaß auskommen soll." Dazu noch einige Zahlen: In Hessen gab es bei den zur Krankenkasse zugelassenen Ärzten 1970 nur 5,3% ohne Doktortitel, 1980 sind es 21%! Unter inzwischen ca. 35 000 deutschen Universitätsprofessoren sind ebenfalls mindestens 20% ohne Habilitation und einige Tausend auch ohne Promotion. Auch die Drittelparität – eine zunächst wie Fortschritt wirkende Absage an die „Selbstherrlichkeit" der alten Ordinarien-Universität – brachte im Zuge der studentischen Mitbestimmung weniger Gutes als vielmehr eine lähmende Verfilzung und Bürokratisierung der Universitäten mit sich, bei der sich die ehemals freien Forscher und Lehrer in zahllosen Fachbereichssitzungen verschleißen. Denn (um noch einmal Knauer zu zitieren): „die Mitbestimmung nicht Qualifizierter bei Prüfungen z. B., muß zwangsläufig das Leistungsniveau senken. Das bedeutet: schlechtere Lehrer, schlechtere Ärzte, schlechtere Juristen. Und das betrifft die gesamte Nation." Außerdem setzt sich an die Stelle früherer strenger Auslese (Berufungen, Examina, Diplome) eine genossenschaftliche Selbstbedienungs-Mentalität: Schon gibt es Hochschulen, an denen in manchen Fächern grundsätzlich jeder Student – auch wenn er erst nach bis zu 50 staatlich geförderten Semestern sein Studium beendet – die Mindestnote „gut" erhält. Niemand mag dann solche Abgänger anstellen, doch können fortschrittliche Hochschul-

lehrer ihren Nachwuchs durch Neugründung von Hochschulen und entsprechende Neubesetzung von Lehrstühlen noch kräftig weiter fördern – jedenfalls solange das Geld reicht. So schließt sich der Kreislauf, und es ist – im Sinne des Kollegmeisters – in der Tat dafür gesorgt, daß auch für die Zukunft „die Gefahr einer Regenerierung des Leistungsniveaus“ verhindert wird.

Um so lauter – dafür müßt Ihr weiterhin sorgen – sollten diejenigen zum Schreien gebracht werden, die von Erkenntnisdrang gänzlich unberührt sind. Ihnen müßt Ihr um so entschiedener dazu verhelfen, in die eingeräumten Plätze studentischer Machtergreifung zu drängen. Denn die meisten dieser jungen Leute sind nicht getrieben, zu erforschen, „was die Welt im Innersten zusammenhält“, sondern sie haben auf dem Boden der Uneingegrenztheit in ihren Kinderstuben eine anarchistische Freiheitssucht erworben, die zu einer Art Besessenheit entartet ist. Sie sind nun von dem destruktiven Bedürfnis getrieben, ihre Kommilitonen und die ganze Welt von jeglicher Fessel, sprich einengender Gesellschaft, zu befreien; sie sind realitätsfern genug, um selbst die simple Wahrheit nicht mehr zu erkennen, daß bereits das Leben im Fleisch die fundamentale Fessel ist, von der man sich lediglich jenseits des Todes erfolgreich befreien könnte.

Aber, meine Freunde, um Diabolos willen, gönnt ihnen keinen, auch nicht den kleinsten Ausguck aus dieser neurotischen Vernebelung heraus! Zettelt unentwegt neue Befreiungsfeldzüge an: Laßt sie sich befreien von lästigen Leistungsnachweisen zur Erringung von Professuren im neuen Marionettentheater! Laßt sie sich befreien von dem Anspruch auf wissenschaftliche Genauigkeit und Gründlichkeit. Ihr müßt den Ethos der Wissenschaftlichkeit, nämlich den Anspruch auf Nachprüfbarkeit des Gefundenen, auflösen zugunsten einer pervertierten Wertung: Wissenschaftlich anerkennenswert ist allein das, was im Geist der Verweigerung gegen diese einengende repressive Gesellschaft, was auf dem Boden der *einen* neuen Wahrheit steht: die Menschen von diesem Unterdrückungssystem befreien zu helfen, damit sie zu ihrer absoluten Selbstbestimmung kommen können. Es ist ein genüßliches, wahrhaft diabolisches Vergnügen für unsereinen, dem zuzuschauen, und Ihr solltet Euer ganzes Augenmerk auf diese Form zugkräftiger Verbiegung richten: den Universitäten den Auftrag zur Suchwanderung nach Einblikken in Gottes Schöpfung zu entreißen und sie in eine aggressive Schule der Vorbereitung zur Systemveränderung zu pervertieren. Dabei dürfen wir mit Stolz feststellen, daß das bereits weitgehend geglückt ist und daß wir vor allem in den für uns wichtigsten Fakultäten – in der Pädagogik, der Psychologie, der Soziologie, der Philosophie und der Theologie – Riesenerfolge zu verzeichnen haben; denn es kann ja nicht allein unser Ziel sein, den Marsch durch die Institution Universität gewonnen zu haben. Ihre Lehrveranstaltungen müssen vielmehr Kaderschulen mit ebenso eindeutiger wie primitiver Zielsetzung sein und noch immer mehr werden, damit binnen kurzem die Multiplikatoren auf die nachrückenden Jahrgänge losgelassen werden können. Und für diese Zielsetzung sind die humanwissenschaftlichen Fachbereiche die geeigneten Brutstätten.

Sollte hier eine teuflische Übertreibung vorliegen? Leider nein, vielmehr muß festgestellt werden, daß die erwähnten Studienfächer sich an vielen Universitäten nach Ansicht der Gesellschaftsveränderer tatsächlich als „Kaderschulen“ eignen. Prof. Knauer hat das 1974 für die FU Berlin in Zahlen nachgewiesen: „Während der nächsten drei Jahre etwa werden u. a. rund 300 kommunistische Juristen, 400 kommunistische Wirtschaftswissenschaftler, 550 kommunistische Sozialwissenschaftler, 250 kommunistische Erziehungswissenschaftler, über 1000 kommunistische Lehrer an Gymnasien, 330 kommunistische Politologen, 180 kommunistische Mathematiker, 100 kommunistische Physiker, 180 kommunistische Chemiker, 100 kommunistische Pharmazeuten, 250 kommunistische Biologen und 90 kommunistische Geowissenschaftler die FU verlassen.“

Im Zuge dieser Bemühungen muß peinlich darauf geachtet werden, daß das Denk- und Unterscheidungsvermögen der jungen Generation insgesamt auf einem niedrigen Niveau gehalten wird, damit sie nicht etwa selbst nachzudenken und zu beobachten beginnt. Deshalb ist es ein fabelhafter Trick, gerade in diesen Wissenschaften, bei denen es sich um den Menschen handelt, jede differenzierte Erfahrung und Beobachtung zu verteufeln (wie man so schön sagt) – oder um im Jargon zu sprechen: sie nicht mehr für „relevant" zu erklären.

Der überreichliche Fernsehkonsum der jungen Generation durch ihre Kindheit hindurch kann hier zusätzlich Beträchtliches leisten, besonders in bezug auf die Züchtung einer anstrengungsunfähigen Denkfaulheit, mit deren Hilfe die zu Studenten gewordenen um so leichter zur illusionären Totalbefreiung indoktriniert werden können.

In den USA nimmt der tägliche Fernsehkonsum Jugendlicher heute bereits mindestens den gleichen Zeitraum ein (4–5 Stunden) wie der Schulunterricht; in Deutschland ist es kaum anders. Allerdings erwies eine genauere Zählung, daß sich das Ergebnis differenzieren läßt. Sonderschüler sehen am meisten fern (6–8 Stunden täglich), Oberschüler am wenigsten (3–4 Stunden täglich). Entweder macht das Fernsehen dumm (bildet „Vidioten" aus, wie der Fachausdruck besorgter Pädagogen lautet), oder es kommt der „anstrengungslosen Denkfaulheit" von Jugendlichen besonders entgegen. Eins wäre so schlimm wie das andere – jedenfalls aber ergab eine neuere Befragung, daß 90% aller 6- bis 10jährigen Kinder heute schon das Fernsehgerät für wichtiger halten als den Vater! Aber nicht nur darauf kommt es an, wie lange der neue Erzieher wirkt, sondern außerdem leider auch noch auf die Qualität der Darbietungen. Eine Andeutung in dieser Richtung: eine amerikanische Kongreß-Studie ergab, daß ein normaler Sechzehnjähriger bei üblichem Fernsehkonsum bis zu diesem Zeitpunkt etwa 16 000 Morde am Bildschirm erleben konnte (andere Brutalitäten und Aggressionen minderer Effektivität wurden nicht mitgezählt)! (Siehe dazu: Elisabeth Lang, Kind, Familie, Fernsehen, 1980.)

Wir haben im Zuge dieser Bemühungen generell einen sehr wünschenswerten Niveauverlust, einen Potenzverlust an schöpferischen Fähigkeiten erzielen können. Mit Hilfe der für den Teufel sehr willkommenen Parole „Chancengleichheit für alle“ ist es uns schließlich möglich geworden, eine zunehmende Vereinheitlichung aller weiteren Bildungseinrichtungen zu erreichen. Auf dem Boden einer prachtvollen Nivellierung des Niveaus, die daraus von Kindesbeinen an resultiert, machen wir dann kurzerhand so weitgehend wie möglich alles zu Studenten, was nur irgendeine Fachausbildung anstrebt. Wir bemühen uns darum, Auslese so weit wie möglich für unmenschlich zu erklären und mehr und mehr einzuschränken. Um so ungehinderter können wir es schaffen, unser Ziel, nämlich die Selbstbestimmung des Menschen, die Selbstherrlichkeit, die Ablösung von Gott zu erreichen.

Der neue Wissenschaftsminister unserer Bundesrepublik hat noch als parlamentarischer Staatssekretär dafür plädiert, das Reifezeugnis als Voraussetzung zum Studium völlig abzuschaffen. Damit wäre auch die letzte Leistungsschwelle auf dem Weg zur Hochschulbildung beseitigt!

Aber selbst da, wo unsere pragmatische Zielsetzung, nämlich Emanzipation von Gott, Verweigerung seiner Inanspruchnahme, Befreiung zur Selbstbestimmung der eigenen Macht noch nicht voll greifen kann, läßt sich auf den Hohen Schulen vieles Verderbliche vorbereiten. So könnt Ihr zunächst ein wenig Kader-fern erscheinende Naturwissenschaftler zu machtbesessenen Befreiern von der Natur hochtrimmen. Die können nun im Rausch ihrer technischen Errungenschaften die Erde zum realen Ausbeutungsobjekt machen. Die Ökonomen könnt Ihr zum organisierten Goldrausch stimulieren, und den Psychologen könnt Ihr die letzte realistische Vorstellung über ihr bescheidenes Wissen und ihre bescheidenen Möglichkeiten zu der Anmaßung umpolen, daß der Mensch allein durch gekonnte Anweisungen aus ihrer Zauberkiste zu einem Produkt zu machen wäre, wie sie es sich ausgedacht hätten und für richtig hielten. Die Ausbildung zum Psychologen sollte infolgedessen unter Eurer Regie immer unverblümter ein einziges Ziel haben: die Adepten zu befähigen, die Kinder immer mehr von der Willkür personaler Familienerziehung zu befreien und die Erziehung des Menschengeschlechts institutionell allein in ihre Hand zu nehmen, um daraus endlich das zu machen, was erst jenseits der Befreiung von Gott möglich ist: die Schaffung des genormten neuen Einheitstyps aus Menschenhand.

In diesem Sinne legt z.B. der Psychologe Prof. Peter Brückner (Hannover) das Elternrecht als ein „Derivat bourgeoiser Eigentumsverhältnisse aus", als „Recht des Privateigentums, angewendet auf das eigene Kind" (1972). Die Institution der Familie und das von der Verfassung garantierte „natürliche Recht der Eltern" werden durch einen sogar staatlich geförderten Trend zunehmend in Frage gestellt und ausgehöhlt. 1. propagandistisch und psychologisch durch den Vorwand fortschrittlicher emanzipatorischer Neuerung, der das Kind in erster Linie als „Objekt elterlicher Fremdbestimmung" betrachtet, 2. materiell durch eine familienfeindliche Steuergesetzgebung und Wohnungsbaupolitik, 3. rechtlich durch eine Gesetzgebung, die das Leben auch der gesunden Familien immer stärker durch den Zwang zur Institutionalisierung der Kinder zu regeln sucht. Wie weit das bereits geht, kommt besonders kraß im neuen Jugendhilfegesetz zum Ausdruck, das dem Vierzehnjährigen sogar ein Antragsrecht auf Einweisung in eine Wohngruppe oder eine andere Wohnform einräumt. Wohin eine Marschrichtung dieser Art zielt, ist klar: in die Bemächtigung der jungen Generation durch den Zugriff eines immer totalitärere Ansprüche stellenden Staates. BRAVO *macht die neuen Rechte am 31.1. 1980 den Kindern folgendermaßen schmackhaft: „Es sind Euch (durch das neue Gesetz) mehr Möglichkeiten in die Hand gegeben, Euch gegen ungerechte Maßnahmen, die Euch seelischen oder körperlichen Schaden zufügen, zu wehren. Wenn Ihr also diese Gesetze in Anspruch nehmen wollt, so solltet Ihr zunächst zu einer psychologischen Beratungsstelle gehen, wo meist gratis und anonym erklärt wird, ob das Jugendamt eingeschaltet werden muß, oder ob es eine andere Regelung zwischen Dir und Deinen Eltern gibt." Wie scheinbar menschlich ist diese Lösung – und wie raffiniert ist der Teufel in ihr versteckt!*

Bitte, meine Freunde, verfolgt dieses Konzept energisch mit, denn es ist den Nachkömmlingen der Krone der Schöpfung so wenig angemessen, daß sie darüber bald (für uns entzückend) zu den widerwärtigsten Verhaltensweisen entarten. Und dieses muß unser Teilziel sein!

3. KOLLEG

STATT ERNEUERUNG – WAHLLOSE NEUERUNGSSUCHT

Kommilitonen!

Die schädliche Übertreibung der Entzweiung von Jung und Alt – zwischen denen, die das Bewährte bewahren und denen, die es anders machen wollen – ist mit Hilfe eines falschen Erziehungskonzeptes deshalb so besonders leicht zu bewerkstelligen, weil der Herr der oberen Welt zwei weitere mächtige Dränge in den Menschen eingepflanzt hat, mit deren Hilfe er sein Ziel allmählich zu erreichen hofft: die nach *Erneuerung* und *Verbesserung.* Natürlich meint der Herr der oberen Welt, daß das unbrauchbar Gewordene, das durch Alter Erstarrte sowohl innerhalb des persönlichen Werdeganges wie im Fortschreiten der Generationen abgestoßen werden soll, damit die Schöpfung sich in rhythmischen Umläufen an die Wahrheit immer mehr heranbewegt. Eine Schöpfung, die den Tod zugelassen hat, kann nur durch ein solches rhythmisches Pulsieren dem Überhandnehmen und schließlich dem Versinken in Grabesstille entfliehen. Deshalb schwingt das Leben zwischen Abend und Morgen, Sturm und Stille, Systole und Diastole, Ebbe und Flut, Bindungen und Befreiungen. Deshalb ist der Mensch nicht nur von dem Drang beseelt, selbständig etwas zu machen, sondern er ist geradezu hektisch darauf versessen, etwas *Neues* zu machen.

Wiederum eine glänzende Darstellung der Wirklichkeit am Beginn eines Kollegs. In klarer Sicht auf das Wesentliche im Menschen wird hier neben dem Drang nach Freiheit (s. voriges Kolleg) auch der nach Erneuerung und Verbesserung anerkannt, also der Drang nach Höherentwicklung im Sinne des menschlichen Auftrags, diese Welt durch eigenes Bemühen auf Gott zu, auf den „Punkt Omega" hin zu bewegen. Wenn der Teufel unsere Grundbedürfnisse so richtig sieht, besteht größte Gefahr, daß er uns durch ihre geschickte Pervertierung gekonnt in die Irre führen wird.

Grundsätzlich zeigt der Mensch im Zuge dieser Angetriebenheit sehr viel mehr Sympathie für das Neue als für das Alte – schon ganz und gar in jungen Jahren. Der Fortschritt zur Vervollkommnung des Menschen steht eben im Schöpfungsplan – für den einzelnen in seinem kleinen Heuschreckendasein ebenso wie für alle zusammen im großen Endziel. Deshalb sei es für Euch witzlos, sich allzuviel mit den Seelen zu beschäftigen, die starr etwas Altes um des Alten willen verteidigen, gewissermaßen um es unbesehen zu erhalten, obgleich es sich längst als überholt erwiesen hat. Bemühungen um diese Sorte von Starrsinnigen gleichen dem Flottmachen festhakender toter Äste an den Ufern des Zeitenstroms. Was soll's: Die nächste Hochflut treibt sie ohnehin dem Meere zu. Derlei Beschäftigungen sind Zeitverschwendung, obgleich es auch heute dazwischen doch immer noch einmal wieder jene seltenen Exemplare von Alten gibt, denen mit Hilfe des Wachhaltens von Impulsen zur Befreiung und Erneuerung gerade dieses gelungen ist: ein ausgewogenes Maß zwischen den ausgewählten, wertvollen, unveräußerlichen Erfahrungswerten und der Offenheit für lebenswichtiges Neues. Sie sind meist verloren für diabolische Verführungskünste, und in früheren Zeiten haben die Menschen gelegentlich die Klugheit besessen, sich des Rates dieser seltenen Exemplare erfolgreich zu bedienen. Heute ist das dank unserer fortgeschrittenen diabolischen Arbeit glücklicherweise kaum noch üblich; denn es kommen die Jungen durch die Verführung zu einer einseitigen Überblähung des kindlichen und jugendlichen Selbstwertgefühles gar nicht mehr auf die Idee, nach weisen, erfahrenen Lehrmeistern auf die Suche zu gehen.

Wir haben sie erfolgreich zu der Fehleinschätzung gebracht, daß sie dergleichen keineswegs mehr nötig haben und daß sie bereits im Vollbesitz der rechten Erkenntnisse seien.

Hier wird mit Recht der menschlichen Notwendigkeit, durch überlieferte Erfahrungen klug zu werden, widerstrebend ein hohes Lob gezollt! Damit wird für uns zugleich deutlich, welchen Verlust es für unsere Kultur bedeutet, wenn die Bereitschaft, an der Geschichte zu lernen und das Bewährte hochzuhalten kurzum für ewiggestrig und hinterwäldlerisch erklärt wird. Der Verhaltensforscher Konrad Lorenz hat das Abreißen der Tradition für eine der „acht Todsünden der zivilisierten Menschheit" gehalten (1973) und als Biologe in Hinblick auf die Kulturentwicklung davor gewarnt, „den ungeheuren Schatz von Wissen und Weisheit über Bord zu werfen, der in der Tradition jeder alten Kultur wie in den Lehren der großen Weltreligionen enthalten ist. Der Irrglaube, der Mensch könne eine neue Kultur willkürlich und rational aus dem Boden stampfen, führt dann zu der völlig irrsinnigen Folgerung, daß es am besten sei, die elterliche Kultur total zu vernichten, um ‚schöpferisch' neu aufbauen zu können. Man könnte das in der Tat, aber nur, wenn man beim Vor-Cromagnon-Menschen neu beginnt!" Daß der Mensch aus Erfahrung, wie sie gefiltert durch die Jahrhunderte in der Tradition parat liegt, klug wird, gilt überheblich als abgeschafft. Dazu gehört z. B. auch die Einsicht, daß Ehegesetze nicht einfach abschaffbar sind, weil sie zur Repression von Herrschenden erdacht wären, sondern daß wir des Schutzes voreinander bedürftig sind. Diese uralte Erfahrung des Menschen müssen die vielen, die in wilder Ehe miteinander leben, nun erst wieder durch Unglück und kraftverschleißendes Leid so lange neu erfahren, bis sie ihre unkonventionelle Liberalität als eine hochmütige, unverträgliche und lebensgefährliche Einflüsterung des Teufels erkennen.

Außerdem ist es uns bereits meisterhaft geglückt, das Streben nach Neuem zur Neuerungssucht großen Stils umzufunktionieren. Das sollte dringend weiter ausgebaut werden! Dabei ist zu beachten, daß Eure Tätigkeit sich nicht darauf beschränken sollte, durch raffinierte Werbung allein die Menschen zu immer neuen Anschaffungen zu bewegen. Obgleich ich nicht verhehlen kann, daß die künstlich geweckten Riesenerwartungen, meist materieller Art zu einer Form verzweifelter Leere führen, die uns viele Schlupflöcher bietet. Das liegt daran, daß in jedem Menschen eben ein Anspruch auf Verfeinerung als positiver Drang vorhanden ist; aber eigentlich gemeint ist natürlich der innere Anspruch, die Verfeinerung der Seele. Dieses Umfunktionieren ist im technischen Wohlstandsstaat Bundesrepublik Deutschland nun schon seit zwanzig Jahren ein geradezu blühendes Geschäft für unsereins geworden.

Dennoch ist das nur ein Teilaspekt des Neuerungsdranges. Delikater ist die Verführung zu der Vorstellung, daß alles Neue an sich gut sei (weil man es doch ganz allein gefunden habe und man selbst wähnt, gut zu sein) – Fortschritt um jeden Preis gewissermaßen. Wendet hier systematisch die Methode an, alles Miese, Unzureichende in Vergangenheit und Gegenwart in den Mittelpunkt zu rücken. Verteufelt grundsätzlich alle Hierarchie als mißbräuchliche Herrschaft, alles Unternehmertum als Ausbeutung, alle Kultur als Unterdrükkung, alle Bemühung um einen hohen Bildungsstatus als Leistungszwang. Wie Lemminge werden sich die Kinder dieses Jahrhunderts ins Verderben stürzen, indem sie sich daranmachen, mit heiligem Eifer den angeblichen Blödsinn der Vergangenheit zu überwinden. Sie werden alle kulturellen Leistungen der Geschichte für schädlich und bedeutungslos erklären und über kurz oder lang aus dem Lernstoff der Schulen streichen. Sie verlieren damit – welch großer Spaß! – die Wurzeln ihres Lebens, schon ganz und gar durch die Verächtlichmachung der Religion, und lassen sich dann ausreißen wie die Blumen, deren Wurzelknollen die Wühlmäuse zerstört haben.

Die Verächtlichmachung der Religion ist ein sublimer Vorgang, der wie eine verdeckte, reißende Tiefenströmung vielfältig geschieht, z. B. im Jugendtheater „Was heißt hier Liebe", das sich bundesweiter Verbreitung und Erfolge (für Kinder ab 6) erfreut. „Paul: ich war im Konfer (Konfirmandenunterricht). Hat der Pope gesagt, ich soll das Vaterunser beten. Ich wollte das nicht ... Da haben ein paar Typen blöd gelacht. Denen hab ich nach der Stunde eine gescheuert." Paula: „Ich fand das ‚schau', die haben dich ja nicht kleingekriegt!" (Weismann Verlag, 6. Aufl. 1980, S. 29.)

Ist von dieser verächtlichen Ablehnung erst einmal eine ausreichende Menge von Menschen durchseucht, so kann sogar schließlich von Euch der gröbste Mist mit dem abscheulichsten Gestank wahllos als das erstrebenswerte Neue angeboten werden. Unsere gemeinsamen Erfolge auf dem Gebiet der Kunst, der Bekleidung und des Geschlechtslebens können sich auf dieser Basis wirklich sehen lassen; denn der Mensch verliert, wenn er erst seiner Orientierung an Kultur und Geschichte beraubt ist, seine Sicherheit in der Unterscheidung von Kunst und Kitsch; er ist dann schutzlos unseren Manipulationen mit Hilfe des Modischen (was „in" ist) preisgegeben.

Besonders eindrucksvoll ist dieser Aspekt kürzlich von Willy Kramp in seinem Buch „Protest der Schlange" (1981, S. 114) analysiert worden: „Und während die Dichter dieser unserer Zeit sich das Recht nehmen, von den kostbarsten Geheimnissen den Schleier zu zerren, während sie es für erlaubt halten, Bilder zu entwerfen, die den Menschen schutzlos der Angst, dem Wahn und dem Hochmut ausliefern, züngelt die Schlange von ihrem Baum der Erkenntnis herab ... Es handelt sich dabei nicht lediglich darum, daß die Dichter – wie viele andere auch – der Gottesfrage gegenüber indifferent sind; nein, das Bild einer von Gott gelösten Welt wird von ihnen kraft ihrer Kunst mit Pathos herausgerufen."

Zur Verführung hinein in die wahllose Neuerungssucht sind die Frauen besonders gut geeignet. Sie sind eben als Produkt der originellen Idee des oberen Herrn, ein paariges arbeitsteiliges Gefüge in Gestalt von Mann und Frau zu schaffen, wohl deshalb mit mehr Neugier ausgestattet, weil sie damit der Anfangshemmung des Mannes zum Anstoß verhelfen sollen – eine Eigenschaft, die bereits Diabolos in der Urszene klug auswertete: sich an Eva zu wenden, versprach einfach durchschlagenderen Erfolg. Die größere Neugier der Frau ist auch heute noch zu phantastischen Aufwiegelungen und Umbiegungen nutzbar. Mit welcher Leidenschaft sind gerade Frauen dazu zu bewegen, mit dem Alten aufzuräumen, den unbrauchbaren Plunder dem Müll zu überantworten und das Neue anzuschaffen, um sich schön mit ihm einzurichten! Neue Wohnungen, neue Zeltlager auf der Bergwanderung zu Gott – das ist wohl eigentlich damit gemeint. Aber Kinder, haben wir Heutigen diesen Impuls nicht bereits bewundernswert umgebogen? Es kann nur Diabolos selbst gewesen sein, der den großartigen Entschluß faßte, den modernen Frauen einzuflüstern, es gelte nun vor allem, sich nicht weiter fraglos für das leidige und unbequeme Geschäft des Kinderkriegens ausbeuten zu lassen. Dabei sei dem Einnisten lästiger Nachkommen am besten so früh wie möglich mit Ausräumen zu begegnen. Das Nest für die kommende Generation in Uterus und Wiege sei mit Triumphgeheul zu verweigern, um der Frau zur Gerechtigkeit zu verhelfen, und zwar indem sie in Zukunft lebe wie ein Mann.

1965 wurden in der Bundesrepublik Deutschland 1 044 328 Kinder geboren. 1978 mit Ausländerkindern (!) nur noch 576 468. 1979 wurden insgesamt 82 788 legal abgetrieben! (Statistisches Jahrbuch.)

Mutterschaft ist also in diesem diabolischen Konzept ein alter Zopf, der die Frauen hindert, sein zu können wie Gott. Mutterschaft ist eine widerwärtige Manipulation der Gesellschaft, die es sich auf dem Buckel des unterdrückten weiblichen Geschlechts bequem macht. Das müßt Ihr ihnen unablässig weiterhin einreden! Und weil darin gewiß mehr als ein Körnchen Wahrheit enthalten ist, ist die Begeisterung für alles Neue bei den zu dieser schönen Bewußtheit gebrachten Frauen besonders gut verwendbar.

Daß sich der höllische Kollegmeister hier die Argumente der Frauenemanzipation vollmundig zu eigen macht, darf nicht mißverstanden werden: Seine Strategie liegt darin, den Frauen durch berechtigte Argumente einen unberechtigten, nämlich keineswegs glücklichmachenden Kampfstil einzureden, bei dem am Ende der sogenannte Sieg im Grunde eine Niederlage ist. Niederlage auch dadurch, daß sie sich de facto von einem Machtbereich trennen, der ihnen bisher unangefochten zugestanden wurde: vom Territorium der häuslichen Erziehung! Aber so endet schließlich die Paradies-Szene: der „Sieg" Evas, die sein wollte wie Gott und wie Adam, wurde ihre Niederlage. Ihr Gehorsam dagegen wäre der Sieg über die Schlange gewesen und hätte das Heil für sie und für Adam bedeutet.

Fabelhaft, wie sich die Frauen nun gegenseitig anfeuern, die Neuheit unnachgiebig zu einer Neuheit für alle zu machen, wie sie sich gegenseitig übertrumpfen, überschlagen in einseitiger Anerkennung ihrer berufstätigen Exemplare, wie sie die „grünen Witwen" und „Nur-Hausfrauen" ins Out drängen und der Verachtung anheimgeben! Und flüstert den Frauen bitte immer einmal wieder zu, daß unerwünschte Kinder ohnehin nichts taugen, damit sie eine zugkräftige Legitimation zu Ausräumungen aller Art haben – aus Sicherheitsgründen, falls der gesunde Menschenverstand einzelner Frauen dennoch Ansätze machen sollte, sich in ihnen Gehör zu verschaffen.

Kürzlich brüstete sich G. Amendt in der Presse mit dem angeblichen „Forschungsergebnis", daß unerwünschte Kinder unglückliche Kinder seien und fügte gleich hinzu, daß dergleichen die Berechtigung zur Abtreibung bei Frauen, die ungewollt schwanger geworden seien, unterstreiche.

Noch einmal: Aller Nachdruck ist auf die ungerechte Widerwärtigkeit des Frauenschicksals, auf die Gemeinheit ihres Unterdrücktseins zu legen. Dann können sie binnen kurzem mit dem behaglichen Leben in ihren modernen Ein- und Zwei-Kinderfamilien nicht mehr zufrieden sein. Sie drängen mit heiligem Elan auf die Barrikaden und kippen kämpferisch alle jene Lebensformen aus, durch die sie per Repression angeblich an ihrer Selbstverwirklichung gehindert werden. Ehemann, Kinder, Familie, Dienst an den Eltern – alles dieses hat sie bisher zu Magddienst entwürdigt. Heute, erstmalig in der Geschichte, so müßt Ihr ihnen eingeben, ließe sich im Achtstundentag des Berufslebens wesentlich mehr Freiheit erringen. Um Diabolos' willen: Hindert sie daran, zu erkennen, wie bitter das Unglück von Überforderung und Alterseinsamkeit für viele der Frauen bereits geworden ist, die die neue Errungenschaft ihrer angeblichen Befreiung ohne Rücksicht auf ihre Überlastung auf den Schild ihres Lebens gehoben haben.

2,7 Millionen Mütter mit 4,4 Millionen Kindern unter 15 Jahren sind laut Statistischem Jahrbuch in der Bundesrepublik Deutschland bereits außerhäuslich berufstätig. Dazu eine in diesem Zusammenhang belangvolle Vergleichszahl: 1960 wurden in der Bundesrepublik 49 523 Ehen geschieden, 1976 aber bereits 108 363 (also eine Steigerung auf 220%), davon weit mehr als die Hälfte auf Antrag der Frau!

Ja, ja, weil die Frauen auch begabter sind für Entflammtheit des Gefühls, für die Radikalität der Begeisterung – eben weil Gott sie mit noch mehr heiligem Eifer ausgestattet hat als den Mann –, deshalb sind sie, behält man nur ihre größere Neugier im Blick, so viel leichter auch zu zerstörerischem Eifer zu bewegen. Sie tragen das vermeintlich gute, in Wirklichkeit aber böse Ziel mit einer Unerbittlichkeit durch, die unter den Männern ihresgleichen sucht. Weil der Frau ganz besonders die Liebe des oberen Herrn gilt, ist sie mit Eigenschaften ausgestattet, die sie für Verführbarkeit durch unsereinen mehr als das andere Geschlecht begabt macht: Liebesglut für den heiligsten aller Herren. Es lohnt deshalb heute, im Zeitalter der Emanzipation mehr denn je, bei der Begeisterungsfähigkeit, bei der Neigung sich an Vorbildern zu orientieren und der unnachdenklichen Neuerungssucht der Frauen den Hebel anzusetzen.

Prof. E. Wannenwetsch, München, hat den Gesundheitszustand berufstätiger Mütter gründlich unter die Lupe genommen. Das Fazit: Sie werden am frühesten alt. 43% der Frauen aus dieser Gruppe waren vorzeitig gealtert, 34% litten an Herz-, Kreislauf- und Gefäßkrankheiten, die sonst typische Krankheiten überbeanspruchter Männer sind. Eine Massenuntersuchung in der DDR ergab, daß berufstätige Frauen fast dreimal soviel Beruhigungsmittel einnehmen wie Männer. Bei den Männern waren es 27%, bei den Frauen etwa 71%. 97% der Mütter in der DDR sind berufstätig. (Vital, September 1976, Heft 9.)

Sie tragen dann im Eiltempo zum Verderben bei und lassen sich meist besonders lange in die feste Vorstellung einbannen, im Schnellzug zum Paradies zu sitzen – selbst dann noch, wenn die Früchte ihres Tuns in der nahen Umgebung als Unglück sichtbar werden. Richtet Eure Bemühung vor allem darauf, die Neigung der Frauen zur radikalisierten Neuerungssucht auszunutzen. Bringt alle realistischen Vorschläge zur Lösung der sogenannten Frauenfrage, die sich zweifelsohne machen ließen, in Vergessenheit. Ein realistisches Sowohl-als-Auch, ein Alles-zu-seiner-Zeit in der Frage nach Kinderbetreuung und Berufstätigkeit muß in der jungen Frauengeneration vermieden werden. Umsonst, aus innerem Antrieb, als freiwillige Mitarbeiterin Gottes Dienst zu tun – dies gilt es, ihnen nachhaltig zu vermiesen.

Aus diesen strategischen Anweisungen läßt sich erfreulicherweise eine Gegenstrategie entwickeln, die dem Teufel und seinen Absichten entgegenläuft. Ein „realistisches Sowohl-als-Auch", ein „Alles-zu-seiner-Zeit" – die beiden Dinge also, vor denen hier ausdrücklich gewarnt wird –, sind demnach die Hinweise auf die richtige Lösung der Frauenfrage. Entfaltung der Frau in den Berufen und Betätigungen, die ihrer Sonderbegabung für Liebe und Begeisterung gemäß sind, sowohl als auch *Schonung ihrer Verletzbarkeit und Achtung ihrer biologischen Schöpferkraft als „Mutter alles Lebens" – Förderung und Entwicklung ihrer geistigen und handwerklichen Fähigkeiten, dann aber ein berufsloses Intervall für ihre* Rechte *(nennen wir es doch nicht immer nur „Pflichten"!) in der Familie, und später vielleicht wiederum ein emanzipiertes Berufsleben* – alles zu seiner Zeit! *So ließe sich die Frauenfrage im Geist der Liebe, mit etwas Phantasie und Bereitschaft zur praktischen Hilfe mit konstruktiven, realisierbaren Plänen gewiß auch lösen. Der „Magddienst" (ein teuflisch geschicktes Wort des Kollegmeisters) ist doch nur dort unwürdig, wo der Mann sich als Herr aufspielt – dort wäre der Protest sogar völlig berechtigt. Aber wo der Mann sich ebenso als „Knecht" Gottes empfinden würde wie die Frau als Gottesmagd, da wäre im Dienst für den gemeinsamen Herrn keine Emanzipation von Knechtschaft nötig, sondern das freiwillige Dienen wäre selbst – und zwar für Mann und Frau auf die je ihnen eigene Weise – die Selbstverwirklichung, nach der wir alle streben!*

4. KOLLEG

STATT VERVOLLKOMMNUNG – ENTSTALTUNG

Meine Mitstreiter!

Verliert bitte nie aus den Augen: Die Impulse zur Erneuerung sind bei den Menschen meist gleichzeitig durchsetzt mit Impulsen zur *Verbesserung;* denn der eigentliche, der von Gott gemeinte Weg ist als ein aufwärtsführender geplant und auf Vervollkommnung hin angelegt. Dieser Impuls kann zum herrlichsten Schaden mißbraucht werden, wenn Ihr ihnen nur recht fleißig und beharrlich einflüstert, daß sie allein das vollkommene Menschenreich zu schaffen in der Lage wären. Im Grunde ist es ein prächtig einfacher Trick, sie glauben zu machen, das „Menschenmaterial" sei eine Art Kuchenteig, und es käme jetzt nur auf die rechten Kunstbäcker an, um daraus eine Gesellschaft von Teig-Osterhasen zu machen, die durch ihr Gepreßtsein in die nur eine gleiche Form die paradiesische Gesellschaft absoluter Gerechtigkeit und Zwanglosigkeit erstehen lassen würde.

Dieser Trend ist allerdings uralt – er ist im Grunde nur eine Variante der alten Schlangenverführung: Ihr werdet sein wie Gott! Der folgende Ausspruch von J. B. Watson (eines der Begründer des amerikanischen Behaviorismus) dokumentiert diesen bedingungslosen Glauben an die Machbarkeit des Menschen: „Gebt mir ein Dutzend gesunde, wohlgebildete Kinder und meine eigene Welt, in der ich sie erziehe. Ich garantiere Euch, daß ich nach Zufall eines auswähle und es zum Vertreter irgendeines Berufes mache, sei es Arzt, Richter, Künstler, Kaufmann oder auch

Bettler, Dieb – ohne Rücksicht auf seine Talente, Neigungen, Fähigkeiten, Anlagen, Rasse oder Verhalten." (Psychology from the Standpoint of a Behaviorist, Philadelphia-Boston 1919.)

Ich habe durch meine Studien herausgefunden, daß Ihr Euch schon seit zweihundert Jahren mehr oder weniger erfolglos abrackert, den Antrieb zur Vervollkommnung auf dem Weg zu Gott in dieser Weise umzufunktionieren. Aber ich sehe ein: Es mußte erst durch permanente intellektuelle Bemühung ein allgemeiner Status der Selbstüberschätzung, der Selbstüberheblichkeit, des Glaubens an die Allmacht des eigenen, im Grunde doch so törichten Männerverstandes gewonnen werden, um endlich das in Aktion zu setzen, was Euch nun in der Gegenwart ein ebensolches händereibendes Vergnügen bereiten muß, wie mir: Das Festschreiben dieser Verrücktheit in sogenannten Schulreformen, ja das Umsetzen des selbstherrlichen Größenwahns in irrsinnige, festbetonierte Großbürokratien, in denen nun der grandiose Menschenbäcker eine Werkstatt für sein Gebäck Mensch errichtet.

Gröbliche Vereinfachung – ein allezeit bewährtes Mittel teuflischer Verneblungskunst! Selbstverständlich sind Reformen an sich ein sinnvolles und vernünftiges Mittel, um Zustände zu verbessern, die verbesserungsbedürftig sind. So sind auch Schulreformen nicht einfach nur bedenklich oder gar schlecht. Im Gegenteil: eine angemessene Reform wäre in vielen Bereichen der Schule gerade heute dringend geboten. Aber darum geht es dem Teufel nicht, sondern (wie der folgende Text gleich zeigen wird) ausschließlich um das, was er *unter Reformen versteht, nämlich Ver-Schlimm-Besserungen im Geist teuflischer Selbstherrlichkeit.*

Ich kann Euch nur ermuntern, keine Anstrengung zu scheuen, die Jugend der Menschen dem Massenpferch anheimzugeben, denn die Verderbnis der jungen Seelen, die auf diese Weise unweigerlich eintritt, ist ein Schnellverfahren, um die Bundesrepublik lebensunfähig zu machen. Vermassung und Entpersönlichung bekommt der Krone der Schöpfung in allen Altersstufen nicht, im Kindes- und Jugendalter, d. h. im Studium seiner Entfaltung aber, bedeutet es geistige Verstümmelung. Der Entwurf des Herdentieres sollte eben doch gerade durch den Menschen mit Hilfe der Schaffung einer Gott-ähnlichen Personalität überwunden werden! Deshalb werfen die Menschen-Frauen, im Gegensatz zu Kaninchen, nur im Abstand von Jahren jeweils ein einzelnes Exemplar, deshalb brauchen die Kinder am Anfang so viel unmittelbare Zweisamkeit mit ihrer Mutter, deshalb muß der kleine Mensch erst sein Ich und seine schöpferische Innerlichkeit entfalten dürfen, ehe man ihm eine Gruppe, eine Masse von Gleichaltrigen zumuten kann. So jedenfalls ist offenbar der Plan des oberen Herrn. Die Voraussetzung dafür ist aber, daß der Mensch sich zu einer nachdenklichen Personalität entfaltet, damit er auf diesem Boden schließlich eine personale Beziehung zu Gott und eine liebevolle Beziehung zu anderen Menschen entwickeln kann. Es gibt infolgedessen kein besseres Konzept, um dieses Ziel zu vereiteln, als den Massenpferch besonders für Kleinkinder und Kinder im Grundschulalter.

Aber auch den Jugendlichen nimmt die anonymisierte Gleichschaltung im Massenpferch die Möglichkeit zum Erblühen ihrer eigenständigen Geistigkeit. Ein selbstherrliches Konzept gar, das sich anmaßt, das Leben der Kinder in der Zukunft der Bundesrepublik Deutschland dadurch zu verbessern, daß man die Institutionalisierung staatlich verordnet und bürokratisch voll durchorganisiert, kann bei unsereins nur triumphales Höllengelächter auslösen; denn die solcher Art mißhandelten Kinder haben, wenn sie erst einmal von den Kinderkrippen in die Krabbelstuben, von den Ganztagsbewahranstalten für Kleinkinder in den entpersönlichten Schulbetrieb eingeschleust worden sind, kaum noch die Möglichkeit, Liebesfähigkeit, schöpferische Leistungsfähigkeit und Gespür für den Sinn und das Ziel der Menschheit zu entwickeln.

Darum also geht es! Und wenn hier folgerichtig ein Konzept der Vermassung und Verplanung des Kindes entwickelt wird, so müssen wir betroffen feststellen, wie nahe seine Verwirklichung vielerorts bereits gerückt ist. Mit der Schaffung von riesigen Schulzentren und Gesamtschulen mit bis zu 2000 Schülern und einem Lehrkörper von etwa 200 Personen (mit 1,8 Milliarden DM für Schulbuskosten auf Bundesebene!), mit der systematischen Auflösung der Klassenverbände, mit einem komplizierten System von Kursen, Wahlfächern, Förderstufen und abwahlfähigen Nebenfächern wird das einzelne Kind heute bereits an der personalen Einbindung in eine Gemeinschaft zunehmend gehindert. Keine Klasse, kein Klassenlehrer, keine Klassenkameraden, nicht einmal ein Nebenmann – sondern nach Art eines Heringsschwarms in ganzen „Jahrgangsbreiten" durcheinandergewirbelt, ist der „Massenpferch" erreicht, von dem hier die Rede war. In ihrer ideologischen Angst vor „Klassenbewußtsein" hat die Reformitis der Reformer unsere „staatlich verordnete Institutionalisierung" also bereits so weit getrieben, daß die Kinder in ihrer Entfaltung gröblich behindert werden und so der einzelne schließlich denaturiert zu dem, was vom Kollegmeister in den folgenden Passagen geschrieben wird.

Sie müssen zwangsläufig ein müder, anarchistischer Haufen werden, der in seiner Verzweiflung nur noch zwischen aktivem und passivem Selbstmord, d.h. zwischen Selbsttötung, Terrorismus oder Sucht und Depression zu wählen vermag. Das genormte Zufallsprodukt Mensch ist dann seines ursprünglichen Sinnes beraubt. Aber ohne Sinn kann der Mensch nicht leben. Sinn des Einzelschicksals gibt es letztlich nur in der Vorstellung eines sinnvollen Ablaufes des Weltenganges. Auch sie gilt es also zur Farce zu machen, nachdem der Schöpfungsplan Gottes als Ursache allen Geschehens aus dem Blickpunkt gerückt ist. Werden die Jugendlichen nicht mehr durch das überzeugende Vorbild der Erwachsenen einbezogen in die Teilhabe an überpersönlichem

Lebenssinn, so zerrinnt ihnen ihre Existenzberechtigung zwischen den Fingern. Die Entmutigung wird fundamental.

Eine Zahl, die zu diesem Elend sicher in Beziehung steht: In der Gruppe der 15- bis 25jährigen nahmen sich 1978 3114 männliche Jugendliche das Leben. Der Selbstmord ist bei dieser Personengruppe sogar die häufigste Todesursache – noch häufiger als der Verkehrsunfall (2482 Tote)! Als „apathisch-inaktiv" bei gleichzeitiger, die innere Sicherheit gefährdender Unzufriedenheit bezeichnet das sozialwissenschaftliche Institut der Bundeswehr (als Bilanz einer Forschungsarbeit) das politische und soziale Engagement der Bundesbürger. 50% der Menschen über 14 Jahre lehnen einen aktiven Einsatz auf politischem und sozialem Gebiet ab. 20% stimmen der Forderung nach Engagement zu, ohne sich selbst engagieren zu wollen. Unter den 16% Engagierten sind 7% sozial, 6% politisch, nur 3% in beiden Gebieten gleichzeitig aktiv. (DIE WELT *11. 3. 1981, S. 3)*

Wir haben freilich in den vergangenen Jahren alles versucht, mehr junge Menschen ihrer hoffnungslosen Lethargie zu entreißen und sie für den bewaffneten Kampf scharf zu machen – aus dem schlichten Grund, weil die gewalttätige Konfrontation von in Bewegung geratenen Massen in der Lage ist, mit einem Minimum an Zeitaufwand großflächige Vernichtungen zu erwirken.

Der bittere Kern an Wahrheit in dieser teuflischen Bemerkung ist unübersehbar. Das Chaotentum der terroristischen Szene rekrutiert sich größtenteils aus einer Schicht von Jugendlichen, die aus sogenannten „normalen" bürgerlichen Elternhäusern stammen, so daß die alten Theorien von den sozial tiefen Schichten als „Brutstätten des Lasters und der Verbrechen" sich als überholt erweisen. Es ist eine falsche Frühpflege, ein unbekömmliches Milieu – in der Dreiheit von häuslicher, schulischer und medienbedingter Erziehung –, das diese Jugendlichen aus der Bahn warf.

Hier erhalten wir die Bestätigung für diese Einsicht, denn die „hoffnungslose Lethargie", aus der schließlich nur noch ein Leben in der Anarchoszene herausreißt (und bei der nur in der terroristischen Gruppe noch der Nachholbedarf an Geborgenheit gestillt werden kann), ist eben das extreme Ergebnis der geschilderten verderblichen „Reformen" in allen Lebensbereichen und des weitgehenden Ausfalls von überzeugenden Vorbildern für die Erziehung.

Ich muß an dieser Stelle aber dennoch vor voreiligem Siegestaumel warnen, meine Herren: Die negativen Auswirkungen einer so absurd falschen Umgangsform mit der Krone der Schöpfung werden ziemlich rasch sichtbar, vor allem, wenn man die erste Zweisamkeit zwischen Mutter und Kind durch anonyme Bezugspersonen stört, was bei uns vor allem durch die so flexiblen Frauen selbst prächtig mitvorangetrieben wird (denn sie streben eben dem Neuen und das heißt ihrer sogenannten Selbstverwirklichung zu). Die Kinder und Jugendlichen werden im Zuge dieser Entwicklung, weil sie in ihrer Seele eigentlich unglücklich sind, sehr unangenehme Zeitgenossen.

Noch einige Zahlen aus den statistischen Jahrbüchern: 1973 wurden 29897 Jugendliche wegen Diebstahls verurteilt. 1978 waren es bereits 36.844 Jugendliche, ein Anstieg um 23%. Die Tageszeitungen berichten darüber hinaus fast täglich von den großen neuen Schwierigkeiten bereits mit den jungen Kindern. So z. B. DIE WELT *10.3.1981: „Sorgen um verhaltensgestörte Schüler – Heute kaum noch Klassen ohne Problemkinder." Hilflos erkennen viele Lehrer in allen Schulzweigen ein Phänomen: Die Zahl der verhaltensgestörten Kinder steigt stetig. Die Pädagogen sind konfrontiert nicht nur mit einzelnen „Problemkindern", sondern mit wachsenden Gruppen von Schülern, die den Unterricht stören, ihre Mitarbeit verweigern, die Schule schwänzen. Symptome dieser Art sind die ersten Kennzeichen einer sogenannten neurotischen Verwahrlosung, der schwersten, später kaum revidierbaren seelischen Erkrankung, die in der fehlenden Bindung an eine feste erste Bezugsperson ihre Ursache hat.*

Die Kinder fallen also ihren unbefangen mit im Strom schwimmenden Erziehern gewaltig auf die Nerven. Das hat die für uns wünschenswerte Folge, daß die Eltern immer häufiger die Nerven verlieren und zu ihrer maßlosen Verwirrung und Scham auf die eigene Brut einzuschlagen beginnen, obgleich ihnen doch unser Konzept, jenen Kindern alles zu erlauben, als edelmütige Neuerung zum festen Vorsatz geworden ist.

Diese immer offenkundiger werdende, geradezu künstlich gezüchtete Erziehungstätigkeit läßt sich nun prächtig nutzen, um allen Ohren einzublasen, daß die anonymen staatlichen Institutionen aus edler Schutzpflicht genötigt sind, den Eltern die Kinder abzunehmen. Diese miesen Eltern brauchen den Staat, sie können's halt nicht alleine – so muß Eure Devise lauten. Und dann läßt sich die kollektive Kindsmißhandlung gesetzlich verankern und so sanktionieren – ein Konzept von geradezu phantastisch großflächiger Verderbnis.

In der Tat spielt die hohe Zahl von Kindsmißhandlungen, die die Schlagzeilen der Zeitungen füllen, eine große Rolle als Argument, um die Entmachtung der Eltern und den Ersatz ihrer Erziehung per Gesetz durch den Staat zu fordern, – d. h. durch staatlich angestellte Berufsbetreuer (wo soll man schließlich auch hin mit der anschwellenden Lawine der Sozialarbeiter, Psychologen, Politologen, Soziologen?).

Wir können diesen Teufelskreis nur durchbrechen, wenn wir deutlicher als bisher darauf hinweisen, daß auch und gerade der Staat mit seinen institutionalisierten, angemaßten Elternrechten sich der „Kindsmißhandlung" schuldig macht. Zwar wird dort nicht geprügelt, aber es gibt auch feinere und nachhaltigere Formen der Verletzung an Seele und Geist der Kinder. Wieviel seelische Verletzungen (also

Kindsmißhandlungen!) werden ihnen allein durch die Entpersönlichung der Großschulbetriebe zugemutet. Ethisch skandalös sind auch die vom Familienministerium anberaumten „Experimente“ mit Säuglingen, mit der Fragestellung, ob ihnen der Mutterentzug durch staatlich angestellte Tagesmütter bekommt. Da in der internationalen Forschung Einigkeit darüber besteht, daß Mutterentbehrung im Säuglingsalter oft lebenslänglich die Anfälligkeit für Depressionen, Süchte und Chaotentum erhöht, ist das „Modell Tagesmütter“, das seit fünf Jahren mit Millionenaufwand an Steuergeldern betrieben wird, mit dem Wort „Kindesmißhandlung“ wohl nicht einmal hinreichend abgedeckt. Am fürchterlichsten aber erscheint die Empfehlung, die das deutsche Jugendinstitut München als Untersuchungsbilanz verbreitet: Da Kleinkinder im Alter von 1-2 Jahren mit deutlich sichtbaren Verhaltensstörungen auf das tägliche Hin- und Hergerissenwerden zwischen zwei Müttern reagierten, sollte man Tagesmütter so bald wie möglich nach der Geburt anstellen, damit das Kind sich gar nicht erst an seine Mutter binde!! (S. H. Schetelig: Tagesmütter ohne Nebenwirkung?, Zeitschrift für Sozialpädiatrie, 2. Jg. [1980] Nr. 10.) Welche Teufelei: Wieviele junge Mütter in Not auf der Suche nach Entlastung, wieviele mütterliche Frauen, die „Tagemütter“ sein können und damit ihren Umkreis erweitern, ihr Taschengeld aufbessern möchten, müssen auf eine solche scheinbar so gute fortschrittliche Maßnahme hereinfallen!

Aber noch einmal: Kein verfrühter Siegestaumel! Es gibt nämlich noch Leute, die die rasch sichtbar werdenden Schäden zur Kenntnis nehmen, denn es ist nicht zu übersehen, daß das Leistungsniveau der Schüler, daß ihre konstruktiven Antriebe von Stunde zu Stunde nachlassen. Die Schäden werden meß- und zählbar, direkt und kraß sichtbar in den statistischen Jahrbüchern. Es muß Gegenstand geschicktester Verschleierungstechniken werden, daß zumindest keine einflußreichen, bemühten und verantwortungsbewußten Leute daraus etwa Konsequenzen ziehen, wozu der Mensch schließlich grundsätzlich vorprogrammiert ist: nämlich zur Kurskorrektur durch Lernen an der Erfahrung. Deshalb müßt Ihr hart am Ball bleiben und den Eltern, vor allem den Müttern immer neu einhämmern, daß gelernte Erzieher ihre Kinder sehr viel besser erziehen könnten als sie selbst.

*Dieser Tenor – dumme Laienmütter verstünden einfach nicht genug vom Erziehen –, der im vergangenen Jahrzehnt den Eltern geradezu eingehämmert wurde, ist jüngst in einer groß angelegten wissenschaftlichen Untersuchung am Erziehungswissenschaftlichen Institut der Gesamthochschule Essen widerlegt worden. Fazit: Für die geistige Entwicklung von Kindern ist bis zum zehnten Lebensjahr die Familie wichtiger als Kindergarten, Vorklasse und Grundschule. Schon bei fünfjährigen Kindern zeigen sich Unterschiede in Sprache, Umgang mit Menschen und Intelligenz, die kein Außenstehender mehr ausgleichen kann. Kinder, die einen Kindergarten oder eine Vorklasse besucht hatten, waren in der Grundschule nicht erfolgreicher als Kinder, die ausschließlich durch die Familie erzogen wurden (*DIE WELT *28. 11. 1978). Kultusminister Girgensohn, in dessen Auftrag die Untersuchung stattgefunden hat, war – ganz im Sinne unseres Kollegmeisters – mit diesem Ergebnis wohl kaum einverstanden. Jedenfalls hat er den Rat der Wissenschaftler, finanzielle Investitionen eher den Familien als den Ersatzinstituten zuzuwenden, bisher offensichtlich nicht genützt.*

Zu diesem Bemühen muß es auch gehören, die Jugend ihren immer größer werdenden Leidensdruck nicht zu schmerzhaft spüren zu lassen. Unsere gemeinsamen Bemühungen, ihn durch rhythmischen Lärm aller Art zu übertönen, hat sich recht gut bewährt; aber mittlerweile sind wir bereits an der Grenze der Phonstärke angelangt, zumal das abstumpfende Hörorgan uns dabei auch eine Schranke setzt. Härtere Betäubungsmöglichkeiten sind Alkohol, Medikamente und Drogen.

Auf diesem Feld habt Ihr Euch schon erfolgreich als die uneingeschränkten Herren des Verderbens bewährt. Aber noch besser ist es, die berechtigte Unzufriedenheit mit Scheinargumenten über die Ursachen ihres Unglücks hochzupeitschen und auf dieser Basis Totschlagimpulse zu züchten. Wenn sie schließlich totschlagen und der verschreckte Staat Expertenkommissionen einberuft – setzt dann alles daran, daß sie das Geschehen hoffnungslos zerreden, statt Zusammenhänge aufzudecken, so daß die eigentliche Ursache, nämlich der Abfall von Gott und damit die Entwurzelung des Menschen, nicht erkennbar wird.

Wer jemals die Diskussionen einer solchen Expertenkommission verfolgte, die sogenannten „Hearings" hinter verschlossenen Türen, der weiß Bescheid: Wie oft bleiben sie lediglich ein Gerangel der Experten, um die scheinbar beste Erklärung, die Darlegung der am meisten „relevanten" Forschungsergebnisse! Und dabei finden dann meist jene Redner die größte Beachtung, die aus dem Dilemma ideologisch verbogene Fehlschlüsse ziehen.

Es hat mir große Bauchschmerzen verursacht zu sehen, daß es freilich in der Jugend dennoch ernst zu nehmende Bewegungen zur Selbsthilfe gibt, so daß sie – es ist kaum zu fassen – beginnen, zu religiöseln. Solche sporadischen Ansätze zum Lernen an der negativen Erfahrung müssen systematisch unterbunden werden. Mein folgendes Kolleg soll möglichst erfolgversprechende Strategien dazu ins Blickfeld rücken.

Der abfällige Ausdruck „Religiöseln" zeigt, wieviel Angst die höllischen Intriganten befällt, wenn in der Jugend durch all den hilflosen Unrat hindurch so etwas wie eine spontane Erneuerungsbewegung religiöser Heilssuche einsetzt. Ja, eine gesunde, alltagsfrische Glaubensbewegung, die wäre in der Tat gefährlich für die Herren der Unterwelt!

5. KOLLEG

STATT EINIGKEIT – DIKTATUR DER GLEICHFÖRMIGKEIT

Kumpanen!

Euch wie mir ist klar: Nie je in der Geschichte der Menschheit haben wir so viel Aussicht auf einen globalen Erfolg gehabt wie heute; denn die Elektronik macht's möglich! Die Anordnung von Diabolos, den Medien die Geschicktesten unter Euch zuzuordnen, aber dorthin auch das größte Gewicht an teuflischer Quantität zu verlagern, entspricht lediglich seinem unnachahmlichen Realitätssinn. Aber bitte verdeutlicht Euch, daß es auch hier nicht einfach wahllos um diabolische Einflüsterungen gehen kann, sondern daß es sich darum handeln muß, präzise, eigentlich besonders wertvolle und für das Ziel des Schöpfers notwendige Voraussetzungen umzufunktionieren.

Der Herr der oberen Welt hätte gewiß nicht probeweise so unermüdlich immer neue Tierkreationen entworfen, wenn nicht dieses in seiner Vorstellung gelegen hätte: eines Tages jene Spezies zu schaffen, die in gemeinschaftlicher Einigkeit fähig ist, jenem Anführer zu folgen, mit dessen Hilfe und in dessen Geist es wahrscheinlicher wird, sich dem Ziel des Schöpfers anzunähern. Ich will den Namen dieses Revoluzder Zeitrechnung bereits genug Verwirrung gestiftet. Ich weiß: Er ist mit Recht in den Regionen des Hades zur Unperson ernannt worden, und ich respektiere das mit Freuden; denn auch mir scheint diese Person und ihre Lehre immer noch ein unberechenbarer Faktor und eine echte Gefährdung des Endzieles darzustellen.

Um jedes Mißverständnis beim Leser zu vermeiden: Es ist hier von unserem heiligen Herrn, von Jesus Christus die Rede, der natürlich die entscheidende Gefährdung des Endziels aller Höllengeister darstellt.

Weil Gott also in der Gemeindebildung eine Voraussetzung zur Verwirklichung seiner Ziele sieht, gibt es in jedem Menschen den ebenso starken wie diffusen Impuls nach Einigkeit, nach Übereinstimmung mit der Gruppe. Jeder Mensch hat das in seinem Gespür: Einigkeit macht stark, die Gruppe birgt! Hält die Gemeinde an dem großen Ziel fest, hier auf Erden gemeinsam ihrem Herrn zu dienen, so lassen sich ihre Mitglieder konstruktiv arbeitsteilig einsetzen nach dem Motto: Einer für alle, alle für das eine hohe Ziel! Es gehört deshalb auch in den göttlichen Plan, gemeinsame Rituale, Spielregeln, Grundordnungen als verbindliche Wertvorstellungen zu entwickeln – immer im Hinblick auf das wirksamere, sich gegenseitig verstärkende Annähern an Gottes Zielsetzung. Und es gehört natürlich auch dazu, den Schädling, den Abtrünnigen, den aus der Reihe Tanzenden auszumachen und seiner, eventuell das Ganze gefährdenden Wirksamkeit zu entheben. Da dieses ins „Out"-Gesetztwerden für den einzelnen Außenseiter ein enorm unangenehmer Vorgang ist, der auch im geistigen Bereich bereits einer Liquidierung gleichkommt, ist der schwache Mensch mit zahlreichen Demutsgebärden darum bemüht, sich diesem Schicksal nicht auszusetzen.

Grundgesetze der Gruppen- und Gemeindebildung, wie sie die allgemeine Lebenserfahrung ebenso wie die wissenschaftliche Psychologie bestätigen, werden hier angesprochen. Wiederum zeigt sich: Die Stärke und Wirksamkeit der dunklen Strategie beruht auf der richtigen (!) Einschätzung der menschlichen Grundgegebenheiten. Nur einen Gegner, den man klar und deutlich im Visier hat, kann man gezielt treffen. Aber diese Strategie ist immer gültig – wichtig und erfreulich für uns ist also, daß auch wir nun den

Gegner (eben alle diese dunklen Strategen) klar und deutlich erkennen können.

Begreift also bitte: Es kommt darauf an, mit Hilfe der Medien durch immer gleiche Parolen, immer wiederholt, wenn auch verhüllt, versteckt, in variierter Form und mundgerechten Portionen, aber als eine immer gegenwärtige Tendenz Konformität in den Grundvorstellungen zu erwirken. Dabei müßt Ihr die kleinkarierte Meckersucht mit dem versteckten, hochmütigen Anspruch, die Dinge im Grunde selbst viel besser machen zu können, anfachen und dabei in scheinbarer Gelassenheit und Gleichmut einen aggressiv anklagenden Akzent haben. Er muß die Aggressionsbereitschaft fortgesetzt heimlich schüren; denn dann platzt die selbstgebastelte Zeitbombe eines Tages plan- und wahllos von selbst und setzt eine grandiose Selbstvernichtung der Menschen in Gang. Das können wir hoffen, weil in der Vorbereitung auf Einigkeit in der Gemeinde eine Vorbereitung auf den Geistkampf gegen Gottes Intimfeind, Diabolos, mitenthalten ist.

Die „Vorbereitung der Gemeinde" auf den Kampf gegen den Teufel soll also von diesem durch eine sehr einfache Taktik gestört werden: die Fähigkeit des Menschen, überhaupt eine Gemeinde zu bilden, soll genutzt werden, um die Menschen in eine gemeinschaftliche Zerstörungswut hineinzutreiben und zwar durch Umfunktionierung des eigentlich gemeinten Feindobjekts: des Teufels – umfunktioniert von diesem Schlaumeier selbst in ein falsches, in einen Sündenbock. Vor einigen Jahrzehnten waren das hierzulande die Juden, heute sind es z. B. die „Arbeitgeber". Ist ein solches Feindbild erst einmal im wahrsten Sinne des Wortes „verteufelt", so entsteht die gemeindlich angeheizte Tendenz, den Feind zu beseitigen. Die Zahl selbständiger Unternehmer schwindet seit 1970 pro Arbeitstag um 170 (!) als Folge dieser Feindlichkeit gegen eine selbstverantwortliche Wirtschaftsform (Aktionsgemeinschaft Wirtschaft und Politik, 5. 3. 1981). Die Verteidigungsimpulse des Menschen, die sich eigentlich gegen das Böse richten sollen und zu diesem Zweck von Gott in den Menschen hineingelegt wurden, führen mit Hilfe des Teufels schließlich zur gewalttätigen Enteignung. Gewalttaten dieser Art haben Massenkatzenjammer und Massenverelendung zur Folge, schaffen also keine nachrevolutionären Paradiese, sondern Hölle auf Erden.

Die Grundfähigkeit des Menschen, auf ein Fanal hin in einen heiligen Krieg zu ziehen, sollten wir also hellwach nutzen. Dabei sollten die Inhalte der Parolen sehr schlicht sein. Man darf sich bei dieser Umbiegung eines bereits von Diabolos früh angewandten, immer wirkungsvollen Mittels bedienen, nämlich des *Neides.* Mit Recht empört sich schließlich der Mensch darüber, daß es Zeitgenossen gibt, denen es schlechter geht als anderen und vor allem besser als ihm selbst. Im Grunde ist das – die Atheisten in den Medien können das freilich nicht erkennen – eigentlich Kritik an Lebensweisen, wie Gott sie den Menschen hier auf dieser Erde zumutet. Nie ist das je lebenslänglich Zuckerschlecken – und immer hat es irgendwer in irgendeiner Hinsicht besser. Daß die durch miese Umstände hervorgerufene Unlust zu den göttlichen Erziehungsmitteln gehört, ist mit Recht nicht jedermanns Geschmack. Deshalb läßt sich damit kollektiv eine phantastische Abgefallenheit erzeugen. Seid also findig im Ausmachen von Haaren in der Suppe dieser unvollständigen Welt. Macht sichtbar, wie elend das Leben in Wohnsilos, als Nur-Hausfrau, als Gefängnisinsasse, als psychiatrisch Internierter, als unterdrückter Arbeitnehmer, als Gastarbeiter, in den Krankenhäusern, als Rentner, als Homosexueller ist – aber dies grundsätzlich nur in der Absicht, einen einzigen Feind allein dafür verantwortlich zu machen: die ausbeuterische bürgerliche Gesellschaft. Um Diabolos willen: betreibt kein Verzetteln in Feindbildern! Schießt keine Eigentore, indem etwa die wegen ihres christlichen Glaubens in den östlichen Diktaturen Verfolgten ins Bild gerückt werden. Befreiung von böser Unterdrückung, so haben die Medien zu vermitteln, darf lediglich als Befreiung vom gegenwärtigen Zustand unterdrückender Bourgeoisie zum selbstgemachten Arbeiterparadies, aber niemals etwa als Befreiung von kommunistischer Diktatur zu einer liberalen Demokratie mit Religionsfreiheit oder gar bewußter Pflege der Religion gedeutet werden. Das möge der Hades verhüten! Das Anprangern hat also nur dann Zweck für unsereinen, wenn durch manipulierte Einigkeit eine zielgerichtete Aggression vieler Menschen vorbereitet wird.

Um die Entlarvung des Neides als ein Hilfsmittel der Verführung hat sich H. Schoeck besonders verdient gemacht. In seinem Buch „Schülermanipulation" macht er z. B. den Neid als einen wesentlichen Punkt im Lernzielkatalog der linken Pädagogik deutlich: „Jeder persönliche Erfolg, jeder Glücksumstand, jeder Vorteil, den ein Mensch bestimmter Eltern als Kind erfährt, ist unverdient. Wer andere beneidet, hat recht. Wer sich beneidet sieht, hat unrecht ... Ist der Schüler dann in das Gefühl der ‚bösen Unterdrückung', die ihm die Medien und die Schule vermitteln, genügend hinerzogen, so wird ihm dann der Lehrer und das Schulbuch beibringen, daß es eine Erlösung von dieser Manipulationsangst geben kann, nämlich wenn die Interessen des Kapitals verbannt und alle unmanipuliert in der sozialistischen Gesellschaft glücklich werden." (Schoeck, Schülermanipulation, 1976, S. 29.)

Wenn Ihr hier nun konsequent seid – und Eure bisherige Arbeit bedarf darin des Lobes, vor allem auch für die fabelhaft versteckten, fein untermischten Tendenzen in den Unterhaltungsfilmen, die besser, weil unter Ausschaltung des Bewußtseins, das schiefe Bild über die Ursachen des Elends in die Hirne zur Einnistung zu bringen vermag –, also wenn Ihr darin durch Einflüsterungen und Einfälle, durch das Zutragen von einseitigem Material fleißig genug seid, so könnt Ihr des Sieges gewiß sein, das darf ich Euch als Insider der modernen Humanwissenschaften versichern. Nicht nur wegen des Neides allein: Der Mensch hat schließlich darüber hinaus wegen der eben bereits avisierten Absicht des oberen Herrn einen fast krankhaften Nachfolgetrieb. Infolgedessen plappert er binnen kurzem nach, was man ihm eingeredet hat – und dann glaubt er auch noch mit penetranter, rechthaberischer Selbsttäuschung, es handele sich um eine eigenständige, selbst gewonnene Überzeugung! Ja, um eine solche Überzeugung durch eigenes Urteil gewinnen zu können, ist er auf freiwilliges Nachfolgen gepolt; aber da der, dem er eigentlich nachgehen soll, ihm als Vorbild gar nicht mehr vermittelt wird, folgt er wahl- und orientierungslos den Inhalten, die man ihm am häufigsten eintrichtert.

Ein versteckter Hinweis auf die nachlässige Handhabung in der Glaubenserziehung der jungen Generation. Wenn sie nicht mehr lernen, daß Christus das Ziel der Schöpfung ist – und das heißt die absolute Herrschaft der Liebe –, dann können die Menschen im Ausrichten an der Gestalt von Jesus Christus auch nicht mehr ihren Lebensmaßstab finden. Um so leichter kann der Teufel dann den immer vorhandenen Drang zur Nachahmung abholen.

Und nun die köstliche Falle: Wenn das schließlich eine beachtliche Anzahl von Seelen tut, schon ganz und gar solche, denen der Neid Zunder gibt, dann glauben sie schließlich, daß die Lügen stimmen müssen, weil so viele sie glauben. (Ihr könnt – doppelt genäht hält besser – an dieser Stelle auch noch einige indoktrinierte Wissenschaftler anstellen, die behaupten, die Lügen mit Statistiken als „wahr" abgesichert zu haben.

Ein sehr wichtiger Hinweis!! Denn mit Statistiken läßt sich in der Tat sehr geschickt manipulieren. (Churchill soll einmal gesagt haben: Man kann sich nur auf die Statistiken verlassen, die man selber gefälscht hat!) Dies liegt vor allem daran, daß gewöhnlich der entscheidende Unterschied zwischen „Durchschnitt" und „Norm" übersehen oder gar wil-

lentlich überspielt wird. Es ist statistisch einwandfrei wahr, daß der erwachsene Mensch heute etwa 27,5 eigene Zähne im Gebiß trägt – die Norm ist aber nach wie vor 32! Wir sollten also den Umgang mit statistischen Wahrheiten erlernen (und in den Schulen lehren), statt uns mit dem Hinweis auf statistische Mehrheiten in unserer persönlichen Entscheidungsfreiheit einengen zu lassen.

Dann potenziert sich die Wirksamkeit ganz rasch: In den Redaktionen werden diejenigen weggebissen, die es wagen, nicht ins gleiche Horn zu stoßen. Freie Mitarbeiter haben nur Aussicht, zu Gehör zu kommen, wenn sie sich als einseitig eingefärbt ausweisen. Und die manipulierte Masse der Zuschauer und Zuhörer draußen entwickelt sich zur Meinungslawine mit Hilfe der zwangsläufigen Bemühung des einzelnen, sich der so lautstark verkündeten Meinung der Mehrheit anzuschließen. Die Diktatur der 51 Prozent ist dann komplett!

Diese Entwicklung ist deshalb so erfreulich für uns Zerstörer, weil sie in der Lage ist, viele Bewohner der liberalen Demokratie binnen kurzem zu nützlichen Idioten ihres eigenen Unterganges zu machen; denn deren Regierende sind auf Mehrheiten angewiesen. Es ist völlig gleichgültig, meine lieben Genossen, was die einzelnen Politiker für private Meinungen haben. Glücklicherweise kann ihnen weder ihr gesunder Menschenverstand noch eine unerschütterliche Moral, noch ein Gefühl der Verpflichtung und Verantwortung in ihrer derzeitigen Lage irgend etwas nützen. Es ist auch völlig bedeutungslos, was für hehre Parteiprogramme die Herren entworfen haben, ob sie gar noch mit dem sogenannten „hohen C“ oder mit ökologischer Zukunftsverantwortung herumhantieren – sie haben keinerlei Aussicht, irgend etwas in die Waagschale zu werfen, was unseren Triumphzug aufhalten könnte. Und deshalb braucht Ihr sie in Euren Bemühungen gar nicht mehr in Rechnung zu stellen, denn, wie gesagt, sie sind eben auf die Mehrheit angewiesen, und deshalb bleibt ihnen gar nichts anderes übrig, als nachzuplappern, was die Meinungsmacher vorschreiben, auch wenn sie das noch so hart ankommt.

Die Politiker haben lediglich zwei Möglichkeiten: sich entweder mit kühner Kapitänsgebärde forsch als Sachwalter originellen Fortschritts zu gebärden und dabei dem manipulierten Volk fleißig aufs Maul zu schauen, oder sie versuchen, sich mühsam zwischen den Klippen hindurchzuwinden und in Schlangenlinien um ihre politische Existenz zu kämpfen. Eine solche Haltung eignet sich aber nicht im mindesten, um den Anführer auch nur zu mimen und so für die Herde attraktiv zu werden. Im Gegenteil: Wer offen die Schwäche zeigt, winselnd um Wähler zu buhlen, wirkt abstoßend.

Dieses vernichtende Todesurteil für die Demokratie hat allerdings nur dann Gültigkeit, wenn sie tatsächlich aus nachplapperndem und manipuliertem „Stimmvieh" besteht. Der teuflische Strategie verschweigt hier, was wir doch sehr genau wissen: daß nämlich die demokratische Grundidee der gewissenhaften Wertung jedes einzelnen und seiner Rechte richtig und sehr wohl auch praktizierbar wäre, wenn – und nur wenn – der einzelne dem Meinungsterror nicht erliegt, sondern als mündiger Bürger seine Entscheidungen unbeirrt von billiger Meinungsmache nach eigenem Gewissen trifft und sich für das Ganze mitverantwortlich fühlt. Freilich ist jedem klar, daß der Weg zur Verwirklichung echter Demokratie noch lang ist. Immerhin darf man hoffen, daß diese Publikation und Aufklärung über die im Gange befindlichen teuflischen Aktivitäten geeignet ist, den Bewußtseinsstatus mündiger Verantwortlichkeit zu erhöhen.

Ein fabelhafter Verstärker sind die Meinungsforschungsinstitute, die die indoktrinierten Vorstellungen in Prozente und Kurven umzuwandeln vermögen und sowohl die Anpassungsbemühungen in der Bevölkerung wie bei den Politikern zu wunderbaren Manipulationsblüten auftreiben. Da glauben nur noch x Prozent an Gott – erschrocken werden so und so viele Mitläufer ihm abschwören. Da bekommen nur noch so und so wenige Leute Kinder, da werden's auch die lassen, die das bisher ohne nachzudenken für eine gute und richtige Sache hielten. Da lassen sich so und so viele Leute scheiden (warum also nicht auch ich?). Da beschließen immer weniger Leute zu heiraten (wozu auch, wenn das nun mal nicht „in" ist?). Da wird plötzlich festgestellt, daß das „Fräulein" praktisch bereits ausgestorben ist, was bewirkt, daß die fünfzehn- bis sechzehnjährigen Mädchen angestrengte Versuche machen, die veraltete Jungfräulichkeit loszuwerden.

Ja, mit Hilfe der Diktatur der 51 Prozent könnt Ihr es noch viel mehr und sorgloser wagen. Ihr könnt gelassen aus jedem X ein U machen. Wenn schlagartig 51 Prozent der Bevölkerung behaupten, was bisher als abartig galt, sei ab heute gesund, beginnt man sich zu drängeln, den erstrebenswerten Zustand, z. B. eine neurotische Verwahrlosung, ebenfalls an den Tag zu legen. Man macht wenigstens erst im Äußeren mit, man wirft sich demonstrativ in verlotterte Kleidung, man übt schlampiges Benehmen; der Rest stellt sich beim Gewohnheitstier Mensch von selbst ein.

Wenn schlagartig 51 Prozent behaupten, was bisher als Unrecht galt, sei Recht, muß man binnen kurzem eine entsprechende Gesetzvorlage machen, sonst kann man als Minister abdanken. Um eine Entkriminalisierung der sogenannten Bagatellfälle wird in unserem Strafrecht bereits wacker gerungen.

Jetzt erkennt man deutlicher, wieviel teuflisches Prinzip in all diesen beklemmenden Einzelerscheinungen unserer Zeit liegt: Kürzlich stand z. B. in der Zeitung, man wolle ein Gesetz machen, Ladendiebstahl nicht mehr als Eigentumsdelikt einzustufen und juristisch als solches zu behandeln. Hausbesetzer in Berlin, die es sich in den unrechtmäßig okkupierten Wohnungen gemütlich gemacht haben, dürfen darin verbleiben, usw., usw. Aus Unrecht wird in der Tat mit Hilfe der Diktatur der 51 Prozent Recht – Teufel auch, das hätte man längst als Teufelswerk erkennen müssen! Haben wir dies doch gerade erst mühsam als unter-

scheidendes Erkennungsmerkmal für den falschen Propheten anhand des Hitlerreiches herausgefunden: Wo ein geltendes, gut demokratisches Recht willkürlich außer Kraft gesetzt und gebeugt wird – da ist der Teufel im Spiel!

Wenn schlagartig 51 Prozent behaupten, Arbeit und Leistung sei nichts als böser Erwerbssinn, werden unsere Politiker die Spendierhosen anziehen müssen, um alle, die nicht oder wenig arbeiten, für diese gute Neuerung mit viel Geld aus dem Steuersack der Arbeitenden zu belohnen.

Ja, in der Tat: – wie wird hier der gute Antrieb von uns Menschen, den Schwachen zu helfen, zur Schädigung umfunktioniert, die schließlich dem Schwachen selbst schaden muß! Kürzlich erzählte ein 32jähriger „ewiger" Student lachend, wieviel Tausende er mit „Bafög" bereits kassiert habe – gerade weil er faul und nicht fleißig gewesen sei! „Die Leute aus meinen ersten Semestern", sagte dieser Mann, „die sind jetzt schon so sechs, sieben Jahre im Beruf und rakkern sich ab, um durch ihre immer mehr mit dem Verdienst ansteigenden Steuern mich und meinesgleichen mitzuunterhalten. Ich denke doch gar nicht daran, Examen zu machen! Nun werde ich erst mal umschulen. Das bringt auch ein paar Jährchen weiter gutes Geld, danach plane ich, ein paar Monate zu arbeiten und mich dann arbeitslos schreiben zu lassen, das ist die z. Z. flotteste Methode, Geld zu haben und frei zu bleiben. Man muß nur wach sein, um sich dieses System erfolgreich zu Nutze zu machen."

Nun merkt wohl jeder: Es handelt sich dabei nicht um einen einzelnen, ein wenig gewissenlosen Studenten, sondern um die Strategie des Teufels! Dazu noch eine Notiz der Aktionsgemeinschaft Wirtschaft und Politik: „Das Bundesverwaltungsamt sieht sich nicht mehr im Stande, die inzwischen 200 000 Rückforderungsfälle für Bafög-Darlehen mit einem Volumen von 3 Milliarden DM zu bearbeiten. Vielfach sind die Schuldner nicht einmal mehr adressenmäßig ausfindig zu machen, und gewissermaßen nur die Dummen zahlen die ihnen während des Studiums vom Staat gewährten Darlehen auch tatsächlich zurück." Und eine weitere Mitteilung in diesem Zusammenhang: „Nach Ermittlungen des Rechnungshofes von Rheinland-Pfalz befinden sich an der Mainzer Universität 4345 Studenten mit 15 bis 24 Semestern. 573 studieren schon zwischen 25 und 35 Semestern und 77 sogar zwischen 36 und 55 Semestern, also seit 18 bis 28 Jahren. Mit anderen Worten: an der Universität Mainz dürfte es nahezu 1000 Studenten im Alter von über 30 und 100 im Alter von über 40 Jahren geben auf Kosten der Steuerzahler."

Oder wenn Ihr nur fleißig den jungen Männern, die aus Angst vor ihren Müttern den Absprung zur jungen Frau noch nicht geschafft haben, einflüstert, dann seien sie eben – wie latent die Hälfte aller Männer – homosexuell, dann könnt Ihr Homosexualität als gesund und Verführung dazu als abgeschafft erklären.

*Und auch das ist bereits (sogar weltweit) im Gange! Die Weltgesundheitsorganisation hat die Homosexualität aus der Liste der seelischen Erkrankungen gestrichen! Sie ist dem teuflischen Prinzip auf den Leim gekrochen! Auch ich, der ich sonst ein ziemlich kritischer Kopf zu sein meine, habe mich von dem doch so achtenswerten Argument vernebeln lassen: Wir wollen doch gerade als Christen den Schwachen mit der ihnen gebührenden Achtung begegnen! Beruht nicht vielleicht das Unglücklichsein dieser Menschen auf der Ächtung, mit der ihnen uneinfühlsame Menschen begegnen? Ja, so fängt er uns mit unserem Bemühen um Gut-Sein, um christlich sein Wollen ein! Kürzlich war zu lesen, daß die GEW im Namen homosexueller Lehrer Hamburgs mehr „Zärtlichkeit" mit den Schülern durchsetzen will (*DIE WELT*, 14. 11. 1980). Was für ein Schachzug des Teufels: Man erklärt Homosexualität zu einer Auch-Norm, für die man die Kinder anwerben kann, wie zu einem Pfadfinderverein. Und wenn sie erst einmal „umgedreht" sind – wer hilft ihnen dann wieder heraus?*

Jeden x-beliebigen Wert, der konstruktiv ist und das Leben bisher in gedeihliche Bahnen lenkte, könnt Ihr von heute auf morgen in einen abschaffenswerten Unwert, jede Teufelei könnt Ihr zum neuen Götzen ernennen, wenn Ihr über die Medien nur schlagartig genug ansetzt. Der Rest ist dann Schweigen; denn die wenigen, die standhaft anders denken, können es sich nicht mehr erlauben, den Mund aufzutun; die Meute der Einigen stürzt sich auf sie mit jener geballten Kraft, die der Herr der Höhe eigentlich zum Kampf gegen die Unterwelt vorgesehen hat.

Das ist aber wohl doch eine diabolische Übertreibung, ein selbstherrlicher Triumph ohne absoluten Wahrheitsanspruch! Der Höllenstratege macht hier seinen Wunsch nach totaler Zerstörung zum Vater des Gedankens. Aber wenn wir erst einmal wach geworden sind, werden sich die Teufel noch wundern über die seelisch und geistig gesunden Reserven dieser Bevölkerung. Doch müssen sie erst einmal mobilisiert werden!

Eine andere Position standhaft zu vertreten, das schaffen nun freilich allenfalls Märtyrernaturen. Die aber sind in der Bundesrepublik Deutschland kaum vertreten; dazu ist das Leben insgesamt einfach viel zu angenehm, und nur Irre fassen den Entschluß, es sich selbst künstlich unangenehm zu machen. So hält man sich 'raus, läßt den lieben Gott einen guten Mann sein und bemüht sich – was bleibt anderes übrig? –, per Selbstbetrug an das „doch auch Gute" der allgemeinen Marschrichtung zu glauben. Oder man verkauft um einer Position, einer Karriere, um der politischen Macht willen bewußt seine Seele. Diese Klarsichtigen, die mit der bewußten Entscheidung zum Bösen, sind unser! Gott erhebt auf sie keine Ansprüche. Sie sind die wirklich delikaten Brokken. Die Einholung in unser Netz sollte deshalb so rasch wie möglich erfolgen.

Die Möglichkeit zur kollektiven Umkehr in der Bundesrepublik schwindet so, für uns beglückenderweise, mehr und mehr. Den süßen Schlaf mitläuferischer Einigkeit vor und in der abendlichen Glotze stören auch jene großen Weisen der Vergangenheit nicht mehr, die in den Regalen verstauben. (Falls das noch nicht ganz sicher ist, lassen sie sich durch große Pantomimen im Fernsehen vorzüglich lächerlich machen.)

Hier spielt der Sprecher auf eine Fernsehsendung an. In ihr wurden die großen Einsichten und die plastischen ethischen Wegweisungen von Friedrich Schiller lächerlich gemacht.

Glücklicherweise für uns ist das so, denn bei ihren Geisthelden, zum Beispiel bei Friedrich Schiller, könnten sie es selbst heute noch lernen. Er sagte die heute nur noch mit Achselzucken verpönte Wahrheit:

Was ist Mehrheit?
Mehrheit ist Unsinn ...
Man soll die Stimmen wägen
und nicht zählen,
der Staat muß untergeh'n,
früh oder spät,
wo Mehrheit siegt
und Unverstand entscheidet!

Freut Euch, meine Mitarbeiter, die Wege sind gebahnt, dies zu erreichen.

Damit Friedrich Schiller beim Leser nicht in den Verdacht gerät, ein Kronzeuge des Teufels zu sein, muß betont werden, daß er in diesen Zeilen nicht gegen Demokratie, sondern gegen Willkür und Unverstand votiert hat. Im Unverstand liegt das Übel, nicht einfach in der Mehrheit schlechthin! Im Gegenteil: eine Mehrheit von Verständigen (von Mündigen und gefestigten einzelnen) – das wäre der Idealzustand!

6. KOLLEG

STATT SITTLICHKEIT – UNTERSCHEIDUNGSUNFÄHIGKEIT

Genossen!

Erlaubt mir, Euch als Euer bestellter Lehrer bei aller Hochachtung vor der Erhabenheit Eures Fleißes auf eine immer wieder sichtbare Schwäche hinzuweisen: Ihr haltet die Menschen für allzu hellhörig in bezug auf offenkundig werdende böse Absichten. Bei der großen Menge ist das eine ziemlich erfolglose Tour, mit der Tür ins Haus zu fallen. Sich für das Böse bewußt zu entscheiden – dazu fehlt den Menschen im allgemeinen der kalte, heroische Nihilismus. Sie sind von Natur sentimental, diese Würmer mit den großen Herzen, wenn es auch noch so sehr Mode ist, sich nüchtern zu gebärden. Das ist im Grunde aber nichts weiter, als der untaugliche Versuch, ihre Gefühle zu verbergen und zu verdrängen. Nein, behaltet das fest im Auge: Die Mehrheit beharrt mit krankhaftem Starrsinn darauf, das Gute zu wollen. Das liegt natürlich daran, daß der Herr der Höhe mit ihnen auch das in seinen Augen Gute beabsichtigt und sie deshalb mit Anfälligkeit dafür ausgestattet hat. Weil der Mensch im Grunde ein Bedürfnis danach hat, Gott und die von ihm geliebten Geschöpfe zu achten, zu respektieren, ja zu lieben und dem Nächsten zu helfen, wenn es ihm schlecht geht, sind sie sehr viel leichter durch jede Form von Humanitätsduselei abzuholen, als durch offenkundige Beeinflussung zum Bösen. Deshalb muß es zu Euren Aufgaben gehören, so viel wie möglich daran zu arbeiten, die Unterscheidungsfähigkeit zwischen Gut und Böse allmählich systematisch abzubauen.

Es sei daran erinnert, daß der Teufel selbst die größte Schwierigkeit mit der Unterscheidung zwischen gut und böse hat, da für ihn letztlich allein das Böse gut ist. So gab er schon in der Paradiesszene sein Unvermögen zu erkennen, den eigentlichen Sinn des „Baums der Erkenntnis" (als Symbol der Unterscheidungsfähigkeit von Gut und Böse) zu begreifen. Er – der von Gott abgefallene Geist – verstand nur eins: daß es Ungehorsam sei, wenn Adam und Eva von diesem Baume aßen, und nur darauf kam es ihm an.

Verneblung auf diesem Feld ist am erfolgreichsten dadurch zu erreichen, daß Ihr zunächst einige ebenso versponnene wie telegene Intellektuelle in Eure Fänge lockt, indem Ihr deren Denkapparat jedesmal dann abblockt, wenn sie logischerweise auf Gott als den Hintergrund aller Dinge stoßen. Die Sache läuft bei solchen Typen dann quasi von selbst wie geölt weiter: Sie ernennen dann lustigerweise ihre daraus resultierende Unsicherheit zur Basis allen Geistes und machen sie zur Grundlage ihres philosophischen Systems. Sie errichten ein wichtigtuerisches Denkgebäude, um ihr „Nicht-wissen-Können" und gebärden sich mit dieser albernen Koketterie, als hätten sie den Stein der Weisen entdeckt. Dabei könnte das ehrliche, offene Fragen der Menschen für uns Teufel in der Tat zur Gefahr werden. Aber unsere modernen Existenzphilosophen und Wert-Ethiker erreichen das nicht; denn sie haben mit ihrer selbstgebastelten Grundformel, daß es *die* Wahrheit einfach nicht gäbe, das Antwortfinden zum Sakrileg erhoben. Und dann bleibt ihnen gar nichts anderes übrig, als mit kleinkarierter Präzision die vielfältigen Hinweise auf Eindeutigkeiten in der Aussage Gottes innerhalb des Lebens, die im Grunde seine Wegmarken sind, zu löschen. Im Zuge dieses geradezu schwachsinnigen, für uns aber höchst erfreulichen Tuns wird natürlich auch die Eindeutigkeit von Gut und Böse abgeschafft.

In der Tat eine treffende Kennzeichnung des „schwachsinnigen" Denkens allen fortschrittlichen „wertfreien" Philosophierens. Merkwürdigerweise geht von der scheinbar bescheidenen Leugnung des Objektiven eine faszinierende Wirkung auf viele Menschen aus. Wo es letzte Wahrheiten nicht gibt, ist auch letzter Irrtum nicht möglich, sondern jeder Standpunkt erlaubt. Dies bedeutet dann allerdings den Zusammenbruch aller Hoffnung auf Wahrheitsfindung.

Aus der Fülle der Erscheinungen von Gut und Böse in den einzelnen Gesellschaften, aus der Vielfalt der Moralen wird mit ebensoviel Dummheit wie Stolz der Schluß gezogen, daß Gut und Böse grundsätzlich relativ seien. Damit machen sie sich mit scheinheiliger Ehrlichkeit zu flexiblen Selbstbestimmern der Sittengesetze – ein herrlich blöder Schachzug, der Euch die Menschen im Schnellverfahren überstellt. Denn nun können sie nach jeweiliger Willkür mit Hilfe der tele-indoktrinierten Mehrheitsmeinung dem von dieser Mehrheitsmeinung abhängigen Staat die Verabschiedung von Gesetzen aufzwingen, die letztlich dem Teufel nützen.

Auf diesem Wege ist man mit Hilfe der „Reform des Sittenstrafrechts" in den 70er Jahren bereits recht weit vorangeschritten: Wir haben nun eine weitgehende Straffreiheit der Abtreibung, gestrichen sind das Strafgebot wegen Verbreitung unzüchtigen Schrifttums, Kuppelei, Ehebruchs und einfacher Homosexualität. Graf von Westphalen kommentiert die Bestrebungen noch vor *der Gesetzverabschiedung (1971 im Rheinischen Merkur) warnend: „Die Reformer vermeinen, die sittenprägende Kraft des Rechts sei eine überholte, antiquierte Vorstellung. Sie ist für sie eben nicht meßbar, nicht pragmatisch – positivistisch – rational erfaßbar. Also gibt es sie nicht ... Es ist ein für den Bestand unserer Rechtsordnung lebensgefährliches Argument, daraus zu folgern, Recht habe mit Ethik nichts mehr zu tun und noch weniger mit Sittlichkeit. Wer das meint, ... stimmt den Grabgesang der gewachsenen Rechtsordnung an. Unsere Rechtsordnung ist nicht mehr immun gegen den Bazillus einer falschen Fortschrittlichkeit, einer grenzenlosen Liberalisierung und Toleranz gegenüber dem Rechtsbrecher ... Es ist jedoch einer der entscheidenden Irrtümer unserer Zeit, daß man meint, Freiheit ohne Ordnung verwirklichen zu können." Wie wahr das ist, zeigt sich in den Straßenschlachten von 1980 und 1981 – und dabei sind die Nöte des ehemaligen Justizministers Vogel in Berlin gewiß nur der Anfang des Aufgehens der schlimmen Saat.*

Es ist dann überhaupt kein Kunststück mehr, die schlimmsten Schädlichkeiten einer gesetzlichen Verankerung zuzuführen. Dazu bedient Ihr Euch am besten der Devise von der offenen Toleranz der pluralistischen Gesellschaft. Wer Gut und Böse nicht mehr klar zu unterscheiden braucht, hat keine Veranlassung dazu, irgend etwas, das bei den „Alten" als böse galt, weiterhin als böse zu beachten, zu fürchten und zu vermeiden. Der moderne Mensch, der weite, offene, der selbstbestimmende, der neue, der bessere, sprich: der selbstherrliche Mensch kann derlei Bemühungen fröhlich ad acta legen. Er erkennt, daß das bisher so bezeichnete Böse von engstirnigen Menschen nur für das Böse gehalten wurde; sie waren lediglich intolerant, von übelwollenden, herrschenden zum Beispiel kirchlichen Unterdrückern manipuliert.

Nein, die moderne Toleranz ist besser; so gebt es über Television und Presse Tag für Tag in aller Vielfalt den Menschen zu verstehen: Sie erst ist human, sie erst ist wahrhaft menschlich.

Besonders mißlich ist solche beflissene Übertreibung der Toleranz, wenn sie von kirchlichen Organen betrieben wird. Viele Sendungen des evangelischen Kirchenfunks und der kirchlichen Presse bemühen sich geradezu missionarisch in dieser Richtung. So schaltete sich der Evangelische Pressedienst (epd) intensiv in die öffentliche Diskussion um den Fernsehfilm „Die Konsequenz" ein, bei dem in übertriebener Toleranz um Verständnis für einen Sittlichkeitsverbrecher geworben wurde. Gegen den weitgehenden Widerstand wählte ihn die Jury des epd demonstrativ zum „besten Fernsehspiel des Monats" aus, und der Redakteur des Evangelischen Dienstes (F. W. Hymmen) verteidigte diese Ent-

scheidung mit einem geradezu klassischen Plädoyer: „Sittliche Gefühle sind aber wandelbar, sie sind nicht als Konstante faßbar. Sittliche Gefühle sind etwas Individuelles, kaum in einem Kodex faßbar … sie sind in Passau anders als in Oldenburg." (F. Räuker, Das Neue Rotbuch Kirche, 1978, S. 147.)

Demgegenüber ist festzustellen, daß sittliche Gefühle sich in allen Kulturen der Welt dem „Kodex" anschließen, der einen grandiosen Grundkonsens der menschlichen Ethik beweist. Das Tötungsverbot, die Inzestschranke, Schutz vor Raub des Eigentums und eine weitgehende Reglementierung der sexuellen Begegnung gehören, wie die vergleichende Völkerkunde und Kulturforschung längst weiß, zu diesem Grundkonsens, der durchaus in einem allgemeingültigen Kodex faßbar ist (z. B. in den Zehn Geboten).

Und nun seid wach, meine Mitarbeiter: Nun verlockt Ihr den Menschen mit Hilfe seines *Mitleids* dazu, unerkannt einem schädlichen Egoismus aufzusitzen: Wenn es doch so schwer ist, ein Kind ungewollt empfangen zu haben, wenn es doch gar so schwer ist, als ein ungewolltes Kind leben zu müssen, dann dürfen wir es doch gewiß für gut erklären, solche Schicksale eigenhändig gar nicht mehr zuzulassen. Die Leute sehen das – aus Mitgefühl – in großer Zahl ein. Die Masche, sie bei ihrer Barmherzigkeit zu packen, ist deshalb außerordentlich erfolgreich, zumal der Mensch, der sich dafür einsetzt, Erbarmen mit Leidenden zu haben, dies bei sich selbst mit Freude als Edelmut, eben als Gutsein registriert. Ja, er soll eben gut sein durch Erbarmen mit denen, die Leid tragen; deshalb wird ihm von den Himmlischen quasi auf die Schulter geklopft, wenn er sich um die Schwachen und Elenden bemüht, und deshalb ist gerade hier Eure ganz große Einstiegsmöglichkeit, nachdem, durch die nihilistische Philosophie vorbereitet, erst einmal die Unumstößlichkeit von Gut und Böse als Maßstab Gottes abgeschafft ist.

Fast alles könnt Ihr so aufzäumen: Es ist zum Beispiel gewiß keinem Menschen zumutbar, über Jahre gefangengesetzt zu werden. Das ist de facto – daran gibt es gar nichts zu rütteln – ein elendes Schicksal, um so mehr, wenn sich beleuchten läßt, wie schuldlos so ein Mörder zu seiner Tat kam, wie er selbst gequält wurde, bis sich seine Aggressionen zur totschlägerischen Wut oder zum krankhaften Sadismus anstauten. Je mehr wir durchleuchten, daß sein Schicksal etwas mit den mißlichen Umständen, die ihm die Gesellschaft aufnötigte, zu tun hat, um so mehr Mitleid bekommen die Menschen, um so unfähiger werden sie, sich gegen das Verbrechen zur Wehr zu setzen. Ja, dann läßt sich über das Mitleiden, über das Verstehen schließlich gar so etwas wie Bewunderung für den Armen wecken, der den Mut bewies, gewissermaßen stellvertretend wenigstens ein Exemplar dieser bürgerlichen Gesellschaft aus der Welt zu schaffen – ein Mut, den die feigen Bürgerlichen natürlich nicht an den Tag legen –, so jedenfalls sollten wir es ihnen einflüstern.

Also: „Der Ermordete ist schuld!" In der konsequenten Hochstilisierung solcher Mörder zu ideologischen Helden (vom Schlage des Robin Hood) haben wir Deutschen uns – wie so oft – als wahre Meister der Konsequenz erwiesen: die „mutmaßlichen" Mitglieder der Baader-Meinhof-Bande (vornehme Politiker sprachen hier lieber von „Gruppe") und ihre Sympathisanten wurden von den Justizbehörden und von den öffentlichen Medien behandelt, als seien sie eine kostbare Elite. Ihre Einzelhaft galt als „Isolationsfolter", Abhörung ihrer Gespräche mit komplizenhaften Wahlverteidigern galt als unzumutbar, über ihre Forderungen nach Hafterleichterung wurde überall nachgedacht, ihr Hungerstreik galt als nationale Katastrophe und ihr Freitod schließlich als Justizmord. Alles dies geschah mit einem Eifer, der uns gewissermaßen dem Vorwurf aussetzte, ob wir denn etwa kein Verständnis hätten und warum wir eigentlich nicht selbst solche Terroristen seien. In einem extremen Kreis wurde in diesem Sinne schließlich die Ermordung Schleyers mit „klammheimlicher Freude" zur Kenntnis genommen.

Merkt Ihr, meine Freunde: Es schleicht sich hier dadurch, daß man der Kriminalität eine Vorbildfunktion zukommen läßt, geradezu so etwas wie eine Nachfolgetendenz ein nach dem Motto: Für uns gelitten (gekreuzigt und gestorben). Die dem Menschen von Gott eingepflanzte Richtmarke, jene Person anzubeten, die „die Sünde der Welt trägt" und von ihr erlöst, ist auf diese Weise genial umfunktioniert.

Ein ungeheuerlicher Zynismus im Ausdruck, aber doch von tiefer Richtigkeit in der Sache! Wo einerseits Christus kirchlich zum Sozialrevolutionär entmythologisiert wird (weil man dies für den höchstmöglichen menschlichen Adelstitel hält), darf man sich nicht wundern, wenn andererseits Sozialrevolutionäre (was immer das auch sei) zu Erlöserfiguren hochgespielt werden.

Dieser Märtyreraspekt führt über das berechtigte Mitleid mit den Opfern von Diabolos zu einer Vernebelung der von Gott geforderten Notwendigkeit, das Böse abzuweisen und eingrenzen zu helfen. Das Mitleid mit den Verführten wird so aufgebläht, daß sich dadurch der nüchterne Blick für die Allgewalt des Bösen verstellt. Wer je gar unter den Zeitgenossen es wagt, auf die faktische Geistmacht des Bösen hinzuweisen, wird – das habt ihr bereits mit fabelhafter Wachheit angezettelt – sofort als Mythologisierer und Exorzist so lächerlich gemacht, daß er in Zukunft nichts mehr zu vermelden hat.

So starb der damalige Bischof von Würzburg rasch dahin, nachdem man gegen ihn in den Medien geradezu einen Hexenkessel der Verhöhnung entfacht hatte: Er hatte bei der Studentin Anneliese Michel aus Klingenberg eine Teufelsaustreibung versuchen lassen. Eine ganze fachkundige Öffentlichkeit klebte damals leichtfertig Etiketts auf den Fall: Von „Epilepsie" bis „Psychose" war alles vertreten, obgleich sich posthum nachweisen ließ, daß das Gehirn der Patientin keinerlei pathologische Merkmale aufwies. Die beteiligten

Patres fielen nach einer gerichtlichen Aburteilung öffentlicher Verunglimpfung anheim. Dabei scheint es außerordentlich leichtfertig, Besessenheit als „nur" psychotisch bedingte innerseelische Entgleisung zu entmythologisieren und vorzugeben, Psychose sei ein wissenschaftlich völlig durchschauter Prozeß. Gewiß: der Teufel selbst legt keinerlei Wert darauf, als existent erkannt zu werden (s. seine Äußerungen in der Pressekonferenz auf S. 15), aber wir *sollten um so mehr Wert darauf legen, uns nicht außermenschliche Bedrohungen mit einem billigen „Es gibt nicht!" wegzulügen. Wir sollten als Christen uns intensiv mit dem Paulus-Wort auseinandersetzen, das dem Erwachen aus der Vogel-Strauß-Politik gilt: „Denn wir haben nicht mit Fleisch und Blut zu kämpfen, sondern mit Mächtigen und Gewaltigen, nämlich mit den Herren der Welt, die in dieser Finsternis herrschen, mit den bösen Geistern unter dem Himmel" (Eph 6, 12).*

Die so entstandene Unfähigkeit, Gut und Böse zu unterscheiden, führt natürlich zu einem lockeren Umgang mit der Kriminalität und stellt schließlich praktisch geradezu eine Ermunterung zur Straftat und zum Rechtsbruch dar, der in unserem Lande denn auch lecker blüht.

Eine Angabe aus den Statistischen Jahrbüchern: 1959 wurden 645 364 Personen wegen strafrechtlicher Vergehen abgeurteilt. 1978 betrug die Zahl nach permanentem Anstieg durch die Jahre hindurch 917 532 – eine Zunahme um 42%, und das trotz weit fortgeschrittener Lockerung des Strafgesetzes und der Gerichtspraxis

Wir Unterweltler haben auch auf diesem Feld keinerlei Anlaß zur Verschleierung oder zur Verstellung mehr. Die täglichen breiten, farbigen Berichterstattungen über Mord und Totschlag in den Medien erzeugen so viel Lustgefühle in den Zuschauern und Lesern, noch einmal davongekommen zu sein (weil der Mensch sich grundsätzlich freut, wenn der andere ins Gras beißen muß, während er ungeschoren blieb), daß nicht mehr die geringste Notwendigkeit zur Vorsicht besteht. Denn, wie gesagt, unsere Politiker können gar nicht mehr auch nur den Gedanken entwickeln, das ändern zu müssen. Sie würden sich binnen kurzem in den Ruhestand katapultieren, und derlei mörderischer Heroismus ist viel zu selbstlos, als daß sich gerade die zur Macht drängenden Menschen zu solchen Taten entschließen könnten.

Besonders delikat ist es, daß sich mit der Mitleidstour auch manche kirchlichen Amtsträger prächtig zu Verbündeten von Diabolos machen lassen. Auch sie wollen schließlich berechtigterweise oben bleiben oder nach oben kommen, und deshalb sind einige hohe kirchliche Institutionen per Mehrheitsbeschluß dazu übergegangen, das 5. Gebot als eine doch ziemlich starre Gesetzlichkeit uneingeschränkt nicht mehr befürworten zu können. Sie neigen vielmehr zu einer unbegrenzten Toleranz für alles, aber auch alles, was da kreucht und fleucht. Solidarität, ganz besonders und innig mit jenen Atheisten, die Christen wegen ihrer religiösen Treue einsperren, foltern und quälen – das ist bereits vor allem in den ganz fortschrittlichen, supertoleranten Kreisen der Evangelischen Kirche gewissermaßen zur ungeschriebenen Vorschrift geworden.

Hier habt Ihr breite Möglichkeiten der Einwirkung, weil die Angst, eng und alt zu sein, diese Leute in eine Verbrüderung mit den Gegnern des Christentums bringt, die es ihnen verwehrt, unseren teuflischen Vormarsch auch nur andeutungsweise zu erkennen und als Gefahr richtig einzuschätzen. Manche Theologen erklären Gott und den Gott in Christus rasch mal für abgeschafft und glauben, alle ihre Bemühungen auf Mitleid, Toleranz und Sozialismus reduzieren zu dürfen.

Wie gerne möchte man den Redner hier der Lüge und bösartigen Übertreibung überführen! Wie schön wäre es für uns – und wie beruhigend –, wenn wir diese ungeheuerlichen Behauptungen einfach als teuflische Verleumdung und

Verblendung abtun könnten. Aber können wir das? Was für ein dunkles Kapitel ist in diesem Bereich allein das moderne Elend der Religionspädagogik! Die Arbeitsmaterialien für 11- bis 16jährige, „im Auftrag der Religionspädagogischen Projektentwicklung" herausgegeben, enthalten auf Seite 8 folgende Zielvorstellung: „In jedem Fall wird es mehr oder weniger darauf ankommen, bisherige Stufen des Verständnisses von Gehorsam und Mündigkeit zu überwinden. Dies geschieht durch religions- und kirchenkritische Hinterfragung der Zeugnisse des Evangeliums und seiner Wirkungsgeschichte." Der Religionspädagoge Prof. W. Niklis, der dieses Zitat und eine Fülle ebenso entlarvender wie ermüdender Teufelsstrategien in seinem Fach gesammelt hat, kommt zu der resignierten Bilanz: „Die neuere Theologie hat das Proprium des christlichen Glaubens – von wenigen rühmlichen Ausnahmen abgesehen – in steigendem Maße nur noch halbherzig oder gar nicht mehr verteidigt. Aus der unaufgebbaren Spannung zwischen dem Fürsten dieser Welt (Diabolos!) und dem Reich, das nicht von dieser Welt ist, hat sie sich verflüchtigt in die Dialektik der Programme für ‚morgen und nach uns die Sintflut'. Und die Eschatologie ist die der eigenen Parteiung; daher die Beflissenheit, hinter jeder Modeformel herzulaufen und errötend den Spuren jener Parolen zu folgen, mit denen man sich als Zeitgenosse ausweist." (W. S. Niklis, „Christlicher Pseudoreligionsunterricht als Pädagogik der Unvernunft" – in „die realschule" 10, 1978, S. 504ff.) Aber der dunkle Stratege soll nicht zu früh jubilieren: Es gibt viele ernsthafte Gegenkräfte in der Kirche, und es gibt – das übersieht der höllische Kollegmeister hier – eine große Zahl treuer und wacher Christen, die solche Entartungserscheinungen nicht mitmachen, sondern für eine Gesundung der Kirche beten und wirken.

Ach, dieses Gedrängele der in dieser Weise Verbogenen vor den Höllentoren! Das hat mich in den letzten Jahren meines Erdendaseins geradezu begeistert. Denn das ist schließlich ein herrlicher Trick, durch das Verständnis für alles Schwache selbstherrlich dem Bösen die volle Absolution und Sanktion zu erteilen. Raffinierter Schwachsinn: Weil man die böse Gewordenen verstehen und lieben will, erklärt man das Böse für eigentlich gar nicht existent. Auf diese Weise glaubt man das Böse abschaffen zu können, verdunkelt aber nur den Blick auf den Bösen, den mächtigen Herrscher der Finsternis, ja man lädt ihn auf diese Weise geradezu ein, wie eine Springflut über das entdeichte Land in die Seelenhäuser einzubrechen.

Der Theologe Haag schreibt: „Alles steht und fällt mit der Frage, ob der Glaube an die Existenz des Teufels zu den verbindlichen Inhalten des christlichen Glaubens gehört ... Wozu der eine den Teufel braucht, das kann der andere ohne Teufel erklären. Wenn die Wickert-Institute mit ihrer Meinungsumfrage recht haben, rechnen nur noch 11 Prozent mit der Existenz des Teufels. Wozu dann der Aufwand?" (Süddeutsche Zeitung 13. 3. 1977.) Der Teufel ist abgeschafft – seine Feldzüge können ungehindert stattfinden!

7. KOLLEG

STATT BESCHEIDENHEIT – SCHEINGERECHTIGKEIT

Kollegen!

Das Bedürfnis, freundlich, barmherzig und bescheiden zu sein, ist es denn auch, das sich zur angemaßten Selbstregulierung der *Gerechtigkeit* umfunktionieren läßt. Genossen, was ist das für eine Lust, wie haben wir da bereits wunderbar zusammengearbeitet in den letzten Jahren: Grundsätzlich fühlt sich der Mensch in lustvoller Erhabenheit edel, wenn er die eine Hälfte seines einzigen Mantels dem gibt, der keinen hat! Dieses Bedürfnis braucht Ihr nun nur unter dem Schlagwort „Solidarität" mit der Devise der ununterschiedenen Toleranz zu vermischen und Gleichheit von allem in allen Lebensbereichen zur unbedingten Forderung zu erheben – und das von uns erwünschte Chaos rückt in greifbare Nähe; denn diese eigentlich fast konstruktiv und fortschrittlich scheinende Neuerung kann ganz und gar nicht funktionieren.

Das liegt daran, daß Gott den Menschen die Kraft zur Selbstbestimmung in Sachen Gerechtigkeit nicht verliehen hat. Sein kompliziertes Wertsystem, das dem Leiden einen so enorm hohen Stellenwert zuschreibt, seine Raffinesse, jeden einzelnen Menschen als ein eigenartiges, besonderes, unverwechselbares, keineswegs irgendeinem anderen Exemplar Mensch gleichendes Wesen eigenhändig zu schaffen, hat ihn genötigt, die Bestimmung von Gerechtigkeit ebenso dunkel wie autoritär in seiner alleinigen Hand zu belassen. Ja, er mutet den Menschen ausdrücklich ein gerüttelt Maß an scheinbarer Ungerechtigkeit zu und bedeutet den Murrenden, sie möchten „sich mit seiner Gnade begnügen". Er nötigt so die

Menschen, zufrieden zu sein mit dem, was er ihnen zuteilt und nicht damit zu hadern, daß andere faktisch oder scheinbar mehr haben und begünstigter sind.

Wer Gott abschafft, begibt sich deshalb auf dem Boden des dann schließlich weiter vorhandenen Bedürfnisses nach Humanität in die herrlich großmäulige Falle, das Problem in eigener Regie auf Biegen und Brechen lösen zu müssen. Den Menschen fällt es dann sehr schnell ein, das Elend der Ungerechtigkeit durch Gleichmacherei zu kurieren. Alle sollen das Gleiche haben, sinniert der „Kleine Gott der Welt" und schließt messerscharf: dann müßte erst einmal alles gleich werden! Wie man mit dem Kampfschrei „Gleichheit" auf den Lippen das Elitäre kappt, Niveau senkt und in der Einheitssuppe allgemeiner Privilegiertheit die Ungerechtigkeit nur so zum Kochen bringt.

Prophetisch hat F. Dostojewski (1872) in seinem Roman „Die Dämonen" die Zukunft des Abendlandes vorweggenommen: „Die Berge einebnen, das ist ein guter Gedanke, durchaus nicht lächerlich. Bildung braucht man nicht, genug der Wissenschaft. Der Durst nach Bildung ist bereits aristokratischer Durst. Wir werden den Wunsch zu Tode quälen; wir werden die Trunksucht, die Klatscherei, die Anzeige erlauben, wir werden eine unerhörte Unzucht gestatten. Wir werden jedes Genie schon im Säuglingsalter unterdrücken. Alles auf einen gemeinsamen Nenner, vollständige Gleichheit... Notwendig ist nur das Notwendige – das ist von nun an die Devise des Erdballs."

Meine Mitteufel, schreibt es Euch hinter die Ohren: Im Zuge dieses Unsinns ist es sehr dienlich, die Sprachkultur zu zersetzen. Was für ein Vergnügen habe ich in meinem Erdenleben z. B. daran gehabt, dabei mitzuwirken, die Hochsprache umzubringen, die künstlerische, gewählte, geschliffene Ausdrucksform der Sprache zu ersetzen durch Trivialausdrücke, am besten durch Gassenjargon.

So heißt es in dem Refrain einer Liedneuschöpfung für unsere Jugend der 80er Jahre:

Der Tag war wieder mies
(In ner penne nervt man sich echt nur auf)
Aber abends nach sieben is das alles scheißegal.
Da machen wir kräftig einen drauf.

Ein köstliches Vergnügen ist es auch, die angestrengte Klarheit der Gedankenführung umzubiegen in ein Kauderwelsch unklaren Zerredens mit Fremdwörtern und Begriffen, in denen es sich geschwätzig suhlen läßt! Denn wenn nichts mehr klar zu sein braucht, kann jeder mitreden, auch wenn dabei der größte Unsinn selbstbewußt aus inkompetenten Mündern quillt.

Ein für Lehrer bestimmter Text (ausgerechnet über Spracherziehung) beginnt folgendermaßen: „Kommunikation ist Interaktion in symbolischer Vermittlung und impliziert faktisch genau wie Interaktion auch ein Herrschaftsverhältnis interagierender und kommunizierender Menschen... Um auf der Grundlage von Rationalität und in kommunikativer Gemeinsamkeit mit anderen solidarisch handeln zu können, muß der einzelne Sprache nicht nur als Medium der Artikulation analytisch-kognitiver Prozesse einsetzen, sondern gleichzeitig als Mittel reflexiver Kommunikation über Sozialbeziehungen selber sowie zur Interpretation und Kommunikation subjektiver, eigener wie fremder Intentionen und Bedürfnisse." (A. Baumgartner, P. Kalb: Spracherziehung, in: Betrifft Erziehung 6. Jg. [1973] H. 10, S. 15). Eines also sollte die Siegesgewißheit des Kollegmeisters mindern: das „Kauderwelsch unklaren Redens", dessen er sich hier rühmt, hindert viele politologische und soziologische Fachleute nachhaltig an der Verbreitung ihres giftigen Süppchens, denn es ist für normale Ohren ungenießbar und wird daher nicht akzeptiert. Nicht auszudenken, welchen Schaden manche Jünger der Soziologie in unserem Lande schon angerichtet hätten, wenn man ihr Rotwelsch verstehen würde!

Ein herrliches Vergnügen war es, mit dem Ruf nach Chancengleichheit, Selbstbestimmung und Emanzipation die Schulen der Bundesrepublik Deutschland in wenigen Jahren zu einem ungeheuerlichen Niveauverlust einer verknäulten Unwirksamkeit und zu resignierter Verzweiflung derer zu treiben, die sich in ihren Mühlen zu drehen haben. Und das sind bekanntlich nicht nur die Beamten auf Lebenszeit, sondern vor allem die sogenannte Zukunft der Krone der Schöpfung, die Kinder und Jugendlichen, die in ihrem Entwicklungsalter eigentlich von klugen, horchbereiten und einfühlsamen Erziehern zu der ihnen gemäßen Begabungsentfaltung geführt werden sollten.

Differenzierung ist die Grundforderung des Schöpfers, um die geplante Höherentwicklung zu erreichen. Planierung heißt infolgedessen die Gegenforderung von Diabolos, und das läßt sich mit Einheitsmasseninstitutionen, sprich Bildungsanstalten natürlich weitaus am besten bewerkstelligen. Wie sie da verkommen und verkrüppeln, besonders die, aus denen eigentlich ein kleiner Mozart, ein neuer Veit Stoss, ein Leonardo, ein Dante werden sollte! Aber selbst die Newtons, die Einsteins und die Lilienthals werden immer spärlicher werden, weil bei der Bemühung um die Züchtung des auf Wissenschaftlichkeit zugeschnittenen Einheitstyps in unseren Schulen die schöpferische Phantasie durch die anonymisierten und bürokratischen Apparate, durch die falsche Vorstellung, daß sich die Hirne mechanisch trainieren lassen, geradezu zerquetscht wird. Das Einheitsdenken und Einheitsprestige macht die Kinder darüber hinaus derart alternativelos, daß es im Zuge der Nötigung, das Einheitsabitur zu erreichen, zur Amputation jeglicher Originalität kommen muß. Grundsätzlich wird damit der zur Anpassung um jeden Preis genötigte und damit der zu allem und jedem manipulierbare Einheitstyp Mensch vorbereitet.

In unabwendbarer Folgerichtigkeit wird der „jederzeit manipulierbare Einheitstyp Mensch“ immer als Ziel jeder ideologischen Erziehung auftreten müssen, bei der das in-

nerweltliche (alleinige) Heil in der gerechten, d. h. gleichmäßigen Verteilung der Güter liegt. Wo immer der Mensch Gerechtigkeit selbst machen will, benötigt er den Einheitstyp des Konsumenten solcher Gerechtigkeit. Das Teuflische besteht freilich erst darin, daß die selbstgemachte Gerechtigkeit unter Abschaffung Gottes und eines allgemeinverbindlichen Wertsystems ganz rasch seine Teufelsklaue zeigt: die Machtanmaßung der Gesellschaftsveränderer, die die anderen (mit Gewalt) ins Paradies der Gerechtigkeit befördern wollen. Entlarvend schreibt dazu Horst Wetterling in seinem Buch „Die Schule als Lernfabrik": „Es kann niemandem verborgen bleiben, daß hier der Versuch unternommen wird, den Menschen – Kinder und Jugendliche vor allem – zum Objekt planender Instanzen zu machen. Erziehung und Unterricht ebnen so den Weg in eine Gesellschaft, die von totalem Herrschaftswillen bestimmt wird, in ein totalitäres System." W. Kuckartz hat recht: „Alle natürlichen Unterschiede werden radikal weggedacht und dann abgeschafft, weil man sich nur so der notwendigen Beherrschbarkeit der Menschenmassen versichert glauben kann, der jede Individualität im Wege ist" (in H. Wetterling a. a. O., S. 46).

So verbogen fällt der Mensch schließlich bereits billigster Einflüsterung anheim und hat wenig Aussicht, sich Eurem Zugriff zu entziehen, wenn Ihr Euch freilich auch darauf einzustellen habt, daß das angelieferte Einheitsfleisch eine nicht sonderlich wünschenswerte Einheitskost für die Höllenbewohner zur Folge haben wird. Aber das ist ein Preis, der gezahlt werden muß. Wir Teufel können es uns nicht erlauben, auf die Bereitschaft, Opfer zu bringen, zu verzichten. Wenn ihr das den Menschen auch noch so erfolgreich ausgeredet habt – damit könnt Ihr Euch unmöglich identifizieren, wenn Eure Tätigkeit großflächig Erfolg haben soll.

Auch die Hölle hat ihre Gesetze – das hat einst Faust bereits mit Erstaunen festgestellt. Daß allerdings auch die Teufel Opfer bringen müssen („Einheitsfleisch" als Kost ist of-

fensichtlich hier eine Allegorie), wird sicher manchem von ihnen den Spaß an der Hölle gründlich verderben. Vielleicht erklärt sich von daher die Existenz der innerhöllischen Opposition, der wir die Kenntnisgabe dieser Geheimpapiere verdanken!!

Im Zuge dieser Entwicklung werdet Ihr weiterhin besonders gezielt vorankommen, wenn Ihr das Bedürfnis des Menschen nach Demut, nach Loyalität mit den Kleinen, nach einem Schlichtbleiben vor allem der Ranghohen dazu ausnutzt, Rangunterschiede nicht nur auf den Universitäten, sondern auch in den Schulen soweit wie möglich abzuschaffen. Sorgt z. B. dafür, daß die Doktoren und die tüchtigen selbständigen Unternehmer sich ihrer Titel und ihrer Stellungen schämen. Sorgt dafür, daß die Oberstudiendirektoren sich von ihren Schülern mit „Otto" und „Max" anreden lassen. Redet ihnen ein, daß sie mehr taugen, wenn sie sich in kumpelhafter Manier flegeln wie ihre Schüler, die freilich Haltung nur lernen könnten, wenn sie sie von geachteten Vorbildern abgucken dürften. Nutzt dieses so konstruktive Bedürfnis des reif gewordenen Menschen nach Bescheidenheit, sein bewußtes Bemühen, sich auf seine selbst erworbenen Stellungen nichts einzubilden, aus, damit diese echt Privilegierten nicht nur ihre damit verbundenen Vorrechte, sondern auch die damit verbundenen Verpflichtungen und Verantwortungen aus dem Blickfeld verlieren. Dann werden sie schließlich schlecht und recht ihre Dienststunden abreißen und nicht mehr auf die Idee kommen, für mehr verantwortlich zu sein, als für den Erwerb ihrer Pfründe.

Qualifizierte Einsatzbereitschaft wird so immer mehr zum Erliegen gebracht. Es ist eine außerordentlich lohnende Sache, sich als Leiter und Lehrer einfach mitten hineinzubegeben ins Volk, ein Gleicher unter Gleichen, ein, wie er schließlich selbst meint, edelmütig auf seine Macht freiwillig Verzichtender. Daß im Schülerhaufen dann binnen kurzem der Teufel los ist, kann ihn in all seinem Edelmut nun nichts mehr angehen, geschweige denn kann er das, habt Ihr erst einmal die Puppen zum Tanzen gebracht, dann noch in die Hand bekommen und ändern.

Hierbei kommt der Teufelsstrategie wiederum ein im Grunde sehr edler menschlicher Zug entgegen, den der Kollegmeister nur am Rande erwähnt. Denn an sich ist Bescheidenheit in der Tat ein Gebot christlicher Nächstenliebe, dem jeder seelisch Gesunde gerne nachkommen möchte. Doch droht ein Dilemma: Man möchte besser sein als man ist (das ist der edle Trieb der Höherentwicklung), man darf sich aber nicht besser vorkommen als die anderen (das wäre unedler Hochmut). Also verzichtet man kurzum auf das Bessersein und Besserwerden und „macht sich gemein" (unsere Sprache entlarvt!) mit den anderen, auch mit denen, die es doch nötig hätten, dem Besseren in uns zu begegnen, um selbst besser zu werden! Dabei wäre hier alles ganz einfach, wenn man noch in Werten denken könnte: ein „Doktor" zu sein, heißt ja nicht besser zu sein, aber es heißt, mehr Verpflichtungen und Verantwortungen zu tragen im Felde der Wissenschaft. Diese Pflichten wird man nicht los, wenn man den Titel unterschlägt, sondern man erweist sich nur als unfähig, sie auch den „Minderprivilegierten" gegenüber verantwortlich zu bekennen! Die folgenden Passagen des Kollegs zielen in diese Richtung, wenn auch selbstverständlich in entgegengesetzter Motivation.

Diesen für den Teufel so erfreulichen Fortschritt edelmütigen Selbstverzichts auf Autorität überall wo Ihr nur könnt in Bewegung zu setzen, möchte ich Euch dringend anraten. Das ist deshalb ganz besonders lohnend, weil der Mensch darauf angewiesen ist, sich an Vorbildern, an Vormachern zu einer höheren Reifestufe hochzuhangeln.

Ich sage Euch nichts Neues, wenn ich Euch erzähle, daß das gesamte System des Lebendigen hierarchisch angelegt ist. Der himmlischen Hierarchie ist die des Hades komplementär zugeordnet, und in der Mitte klemmt nun einmal das Weltkind Mensch, das grundsätzlich allein „am farbigen Abglanz“ der außerirdischen Wirklichkeit von Himmel und Hölle sein irdisches „Leben haben“ kann. Nichts führt deshalb rascher ins Verderben, als die Verdrängung der Lebensnotwendigkeit von Rangunterschieden. Da der Mensch daraufhin angelegt ist, aus eigener Initiative nach Höherem zu streben, kann er mühselige Anstrengungen dieser Art nur schaffen, wenn ihm dergleichen als erstrebenswert vorgelebt wird. Wird es in der Allgemeinheit nicht mehr für wertvoll gehalten, einen hohen Rang zu bekleiden, ja wird der Ranghohe gar verächtlich gemacht, so können es die Jungen binnen kurzem nicht mehr einsehen, warum sie sich so vieler harter Mühe unterziehen sollen. Hier ist für Euch, meine Freunde, ein reiches Betätigungsfeld vorhanden. Schließlich lassen sich die Schwächen, die Fehltritte, die es doch selbst im Leben der meisten Heiligen gibt, hervorkehren, ans Licht heben. Hier läßt sich das Makelhafte überbetonen und anprangern, hier lassen sich die Verdienste und nachahmenswerten Taten lächerlich machen. Seid findig im Aufdecken von dunklen Punkten im Wandel der historischen und der lebenden Vorbilder. Haltet der Welt einen schäbigen Spiegel vor! Scheut keine Gelegenheit, die Kartei des Hades für diese Zwecke gewissenhaft auszuwerten. Schließlich sind dort auch die kleinen, halbgelungenen Verführungsversuche und Schäbigkeiten der Großen minutiös verzeichnet. Fördert versteckte und der Menschheit bisher unbekannte Dokumente zutage. Spielt sie Journalisten und Schriftstellern zu. Es gibt unter ihnen immerhin bereits eine erkleckliche Zahl, die, wie ich, schon zu Lebzeiten bewußt die Entscheidung für Euch getroffen haben. Es ist ein herrliches Vergnügen, zu verfolgen, mit welcher Rasanz das Vermiesen der nachzuahmenden Instanzen die Jugendlichen lähmt, ihnen die Grundvoraussetzungen zu jeglicher Kultivierung, nämlich zu Ehrfurcht, andächtiger Ehrerbietung und Dankbarkeit für die großen Leistungen der Altvorderen nimmt und sie damit für jede Form modischer Teufelei empfänglich macht. Vor allem gehen ihnen auf diese Weise die Vorübungen in Selbstdisziplin und Pflege der großen, erhabenen Gefühle verloren, so daß sie die Vorstufen praktizierender Anbetung Gottes gar nicht erst erreichen.

Ein eindrucksvolles Beispiel für die Mentalität des Diffamierens und Entwürdigens sind die in der Bundesrepublik hoch im Kurs stehenden Werke von Rolf Hochhuth: Papst Pius XII, Churchill, der Berufsstand der Juristen, der Ärzte (in seinem Stück „Ärztinnen"), nicht zuletzt aber der Ministerpräsident von Baden-Württemberg sind von ihm in den Schmutz gezogen worden. Aber jüngst ist er mit einem Preis (20 000DM) ausgezeichnet worden. Daß durch eine wissenschaftliche Untersuchung „Hans Filbinger – der Fall und die Fakten" im nachhinein deutlich geworden ist, daß Hans Filbinger so unschuldig war, wie er sich gab, daß es kein einziges Urteil von dem Marinerichter Filbinger gibt, durch das ein Mensch sein Leben verloren hat, gilt angesichts der Tatsache, daß eine schlagartig vergiftete Öffentlichkeit einschließlich seiner Parteifreunde ihn mit Hilfe der Mediendiktatur fallen ließen wie eine heiße Kartoffel, praktisch nichts. Der unbestechliche Sozialkritiker Prof. Ortlieb schrieb's in den Wind: „Fast alle Journalisten, Literaten, Politiker und Pastoren, die nicht zu schweigen vermochten, agierten als konformistische Marionetten, wie das Gesetz von Opportunität und zeitkonformer Ideologie es ihnen befahl" (Wirtschaftsdienst VIII, 1978).

Besonders schädlich wirkt sich die Bemühung um selbstgebastelte Gerechtigkeit durch Gleichmacherei auf das *weibliche* Geschlecht aus. Gleich ist das ja nun wirklich nicht, daß der Mann mit viel Vergnügen die Kinder macht und die Frau dann oft lebenslänglich die weitgehend mißlichen Folgen auf sich zu nehmen hat. Gerechtigkeit nach Menschenmaß könnte in diesem Bereich erst einkehren, wenn man das Familienmuttertum abschaffte. Dann erst könnte die Frau wirklich das gleiche Leben führen wie der Mann.

Der Marxist Prof. Ernest Bornemann (Psychologe in Salzburg) geht hier sogar noch einen Schritt weiter. Nach seiner Meinung („Das Patriarchat", 1975) ist Gerechtigkeit erst hergestellt, wenn drei letzte biologische Benachteiligungen aufgehoben werden „Menstruation, Schwangerschaft, Verwundbarkeit der Mammae. Ehe wir nicht alle drei beseitigt haben, kann es keine Gleichheit der Geschlechter geben."

Es ist ein leichtes, die Frauen dazu zu bringen, das einzusehen, wenn Ihr ihnen oft genug klarmacht, daß ihnen aus Humanitätsgründen das Recht zusteht, so behandelt zu werden, wie der Mann, – wenn Ihr ihnen das Gespür dafür ausredet, daß in all der aufgenötigten Plage auch eine hohe Auszeichnung steckt, nämlich durch die liebevolle Pflege und Erziehung ihrer Kinder zu Gottes sehr direkten Mitarbeitern an der Zukunft ernannt zu sein. Wo das nicht mehr gilt, degradiert die Jahrzehnte lange demütig auszuhaltende Plage des Kinderhütens einfach zum unverständlichen Unsinn. Dank unserer gemeinsamen Bemühung ist heute bereits fast jede Zwölfjährige so weit, dies zu begreifen und sich statt auf ein Leben als „Heimchen am Herd" fest darauf einzuschießen, ihre Manngleichheit unter Beweis zu stellen. Ich sagte Euch schon, meine Freunde, wendet Euch mehr den Frauen zu! Mit ihnen ist im Ansatz so viel mehr zu machen als mit den Männern. Frauen sind einfach hellhöriger, lebhafter, neugieriger, bedenkenloser, veränderungsbereiter. Sie verfügen im allgemeinen auch nicht über die gleiche logische Schärfe des Denkens, zu der der Mann dank einer unterschiedlichen Hirnstruktur fähig ist.

Das Bild der Frau, das hier gezeichnet wird, bedarf einiger Korrektur, wenn wir vermeiden wollen, daß der Kollegmeister als „Male chauvinist pig" (als arrogantes Männerschwein) in die Ziellinie der Emanzen gerät und zugleich auch in die der mit diesen solidarischen Männer. Zwar kann man biologisch den Unterschied zwischen Mann und Frau gar nicht groß genug ansetzen, aber der alte Vorwurf der mangelnden Logik ist ein Ladenhüter, der selbst in der Hölle muffig wirkt. Freilich sind Schachgroßmeister in der Tat meist männlichen Geschlechts – aber vielleicht zeigt sich darin gerade einer der Vorzüge weiblichen Denkens, daß sie über die sterile und lebensfremde Logik abstrakter Schachzüge nicht im gleichen tiefen Ernst brüten mögen wie die Männer. Aber wie auch immer: an die „unterschiedliche Gehirnstruktur" der menschlichen Geschlechter werden wir uns gewöhnen müssen, wenn Medizin und Biologie als Wissenschaft bei uns Gültigkeit behalten sollen. Aber von unterschiedlichem menschlichen Wert *der Gehirnfunktionen hat damit niemand etwas gesagt!*

Weil die Frauen zudem so gern Theater spielen, weil sie durch ihr sicher viel besseres Einfühlungsvermögen sich mit wer weiß was Absonderlichem zu identifizieren vermögen (sonst könnten sie die Männer gar nicht ertragen), war es uns auch ein Kinderspiel, ihnen einzuflüstern, daß ihr Mädchendasein, ihr Frausein, ihre Mutterschaft nichts weiter sei als eine ihnen von außen überstülpte und aufgenötigte „Rolle", ein protziger „Muttermythos", und daß es ehrlicher und bescheidener sei, den Platz hinter der Schreibmaschine und dem Fließband einzunehmen.

Hui, wie begannen sie sich da erfolgreich zu rütteln und zu schütteln, um die nicht mehr zeitgemäße Haut abzustreifen! Nun glauben sie schon selbst, daß sie platt und dürr zu sein haben, wie der Mann, genauso kaltschnäuzig und egoistisch wie er.

Eine infame Unterstellung, die ich als Mann mit Empörung zurückweisen möchte. Gewiß, wir Männer sind anders, aber Egoismus im reifen Erwachsenenalter sollte uns so fern liegen wie den Frauen.

Dann sind sie berechtigt, Ehe und Mutterschaft zu verweigern und, falls sie das erst zu spät entdeckt haben, die bereits vorhandenen Blagen anderen „Bezugspersonen" zu übergeben, die die „Rolle des Erziehers" fachgerecht, weil auf einer Schule gelernt, ausüben.

Hier könnte man (leider) ergänzen: Während dann die eigenen Kinder fachgerecht geschulten, fremden Personen übergeben werden, eilen viele der von lästigen Mutterpflichten befreiten Frauen als Lehrerinnen an die Schulen, um sich dort dann darauf zu besinnen, daß sie selbst gegenüber fremden Kindern bei der erzieherischen Betreuung eine Selbstverwirklichung erfahren können. Eine besonders imponierende Variante: Manche Mütter bleiben zu Hause, tauschen ihre Kinder aus und betreuen so die der anderen, womit ihnen das Odium der Nur-Hausfrau erspart bleibt und sie sich im Berufsleben bewähren können. Wenn der Staat solche Initiative finanziell unterstützt, könnte so der Mutterberuf – vielleicht nach entsprechendem Examen als Diplommutter – sogar wieder attraktiv werden. (Bei einem fälligen Regierungswechsel könnte durch Rücktausch der Kinder sehr schnell wieder eine normale Situation hergestellt werden!)

Ach, Genossen, was ist das für eine wundervolle Masche mit irreversibler Langzeitwirkung! Was rütteln und schütteln sie sich durch all dies Rollenmarkieren ins Unglück – erst einmal für die Frauen durch ein Single-Dasein, das ihnen um so unerträglichere Vereinsamung beschert, je älter sie werden. Unglück bedeutet das aber auch für die Männer, für die die Gemeinsamkeit mit intellektualisierten, zickig gewordenen Frauen zum Alptraum wird – und dabei müssen sie es doch immer wieder damit versuchen, weil sie ohne Frauen wenig Chancen haben, zu Gott zu finden.

Teuflische Lust an Übertreibung und Überzeichnung geht hier mit dem Kollegmeister durch. Nicht jede kluge Frau ist im Umgang unerträglich – gewiß nicht! Aber die geifernde Erregung, in die der Höllenstratege angesichts der verselbständigten Frauen gerät, muß uns stutzig machen. Was den Teufel hier eigentlich in so euphorische Stimmung bringt: Die Männer – so meint er – haben ohne Frauen „wenig Chancen, zu Gott zu finden". Er denkt dabei natürlich nicht an die Zölibatäre, sondern an die Männer, die in ebenfalls fröhlicher Single-Isolation keine Gelegenheit finden, Treue, Schenkbereitschaft und liebenden Verzicht in einem Versprechen Gott gegenüber einzuüben. Single-Dasein – in den USA schon großflächig erprobt (jeder fünfte Haushalt gehört dort einem Single) – bewährt sich leider nicht im mindesten. „Es wird", so schreibt Johannes Gross zum Thema in der FAZ, „berichtet, daß unter den neuen Einzelgängern nicht wenige sind, die nicht den ständigen Wechsel des Partners als ihr Glück erfahren, sondern die Einsamkeit als ihr Unglück; daß sie Alleinsein schlecht ertragen, und sei es bloß am Wochenende, als ein Mißbefinden, viel schlimmer als das umgekehrt verursachte bei den Inhabern allzu fest gefügter Familien. Des munteren Einzelgängers Freiheit enttarnt sich am Ende als diejenige Knechtschaft, von der der Geknechtete nichts ahnt." Der Soziologe Gowe (New York) konstatierte denn auch eine Verkürzung der Lebenserwartung bei den Singles, der Psychiater Berger konstatiert Zusammenhänge mit körperlichen Erkrankungen (AZ 20. 7. 1980).

Unglück bedeutet solche Entbindung aus Elternschaft vor allem aber auch für die selten werdenden Exemplare der ihrer Nester beraubten, ausgesetzten Kinder, diese Garanten menschlicher Zukunft. Denn das WORT, das laut Bibel am Anfang war und das Liebe heißt, bleibt für diese Kinder leer. Es wird durch die mütterliche Verweigerung zu keiner Erfahrung, in der ihre eigene Liebesfähigkeit sich einwurzeln kann, und damit ist die Sache im Ansatz für Gottes Absichten verpatzt, und Ihr könnt Eure vielgeliebten Teufelskreise wie die Mühlräder mit wenig Mühe zum Laufen bringen nach folgender Manier:

- Das Kind wird unglücklich, gierig, frech, ungehorsam: Die Erzieher werden ungeduldig, schimpfen, schlagen, verwerfen.
- Das Kind wird unruhig, gespannt und unkonzentriert: Die Erzieher bestrafen mit schlechten Noten.

- Das Kind wird verstockt, verschlagen, erfolglos in der Schule, verschlossen: Die Erzieher wenden sich ab und lassen das Kind links liegen.
- Das Kind wird hoffnungslos, verzweifelt, verliert den Glauben an sich selbst, identifiziert sich mit dem Bösen, wird kriminell: Die Erzieher machen gerichtliche Auflagen.
- Das Kind versteht jetzt, daß es wahr ist, was man ihm seit Kindesbeinen sagte: daß an all seinem Unglück die Gesellschaft schuld ist und zieht daraus – siehe 2. Kolleg – diese oder jene selbstmörderischen Konsequenzen.

Das muß man in der Tat und im wahrsten Sinne des Wortes einen „Teufelskreis" nennen! Da er anthropologisch und psychologisch hier völlig korrekt geschildert ist, kann er uns direkt dazu dienen, die Stelle aufzufinden, an der er zu durchbrechen ist: Wo die elterliche Liebe am Anfang eines kindlichen Lebensweges steht und wo diese Liebe sich in Zuwendung an das Kind ausdrückt, wird der Teufelskreis nicht geschlossen. Die beiden amerikanischen Psychologen E. J. Anthony und N. Germeny haben festgestellt, daß es bei Kindern, die eine ihre seelische Gesundheit gefährdende Kindheit durchgemacht haben, doch immerhin eine kleine Zahl von 8–10% gibt, die „unverwundbar" erscheinen. Aber eine solche psychische Glückshaut gibt es dennoch nur, wenn drei gewichtige Faktoren stabilisierend gewirkt haben: 1. Sie haben eine gute, konstante Beziehung zu einer vertrauten Person, 2. ihnen wurde weder zu viel noch zu wenig Aufmerksamkeit zuteil und 3. es war keine zu große Zahl an Belastungen und Schicksalsschlägen vorhanden. Entpersönlichung, Verweichlichung und fortgesetzte Nakkenschläge – das macht am sichersten kaputt!

Aber ob die Vernachlässigten nun zu Süchtigen, zu Streunenden, zu Kriminellen oder zu Depressiven werden – immer fehlt ihnen der Kraftüberschuß, durch ihren Einsatz die Gesellschaft lebensfähig zu erhalten, ganz gleich ob durch einen

Mehreinsatz in beruflicher Leistung oder durch Familiengründung. Sie sind dauerhaft bindungsschwache Singles, wurzellos Schwankende und Schweifende, die mehr oder weniger auf die Hilfe anderer, auf die Hilfe staatlicher Zuwendungen angewiesen bleiben.

> *So stieg z. B. laut Statistischem Jahrbuch die Zahl derjenigen Angestellten und Arbeiter, die auf Grund seelischer Störungen und Krankheiten des Nervensystems frühzeitig berentet wurden, von 17 506 im Jahr 1973 auf 25 808 im Jahr 1978 – eine Zunahme um 47%!*

Wenn die Zahl der Seelenschwächlinge mit einer Chlochard-Natur zu groß und die Zahl der für sie Rackernden zu klein wird, bricht schließlich unweigerlich wirtschaftliche Verelendung herein. Dieser wünschenswerte Zustand ist um so rascher zu erreichen, je mehr Ihr helft, den Wert großer Arbeitsanstrengungen und die Leistung der fleißigen freien Unternehmer zu verteufeln. Dann schleicht sich von selbst bei immer mehr Menschen die Vorstellung ein, daß der Staat ein ewig wunderbar spendendes Füllhorn, ein sich immerzu von selbst füllender Topf sei und man ein Recht habe, sich dieser Fülle zu bedienen, ohne Gegenleistungen zu erbringen. Doch dieser Topf ist bald leergelöffelt. Wiederholt Ihr dann bei diesen seelisch Zu-kurz-Gekommenen die alte Leier, daß die bösen Reichen alles für sich behalten hätten, so könnt Ihr mit einer gewalttätigen Revolution der scheinbar Ausgebeuteten rechnen, die nun nach bewährtem Muster auch hier eine neue Diktatur errichten, in der eins total gleich ist: Weder die zu kurz noch die zu lang Gekommenen haben etwas zu lachen – mit Ausnahme der herrschenden Macher des künftigen Paradieses selbst, die nun unbekümmert mit wünschenswerter Brutalität ihre Macht diktatorisch ausüben. Dann kann in den „Gulags" Diabolos' Reich auf Erden unverhüllt wachsen, dann kann Religionsausübung unbeschadet verboten und mit grausamstem Kerker bestraft werden – dann erntet Ihr die Früchte Eures Mühens.

Wollen wir immun werden gegen eine solche Strategie, so müssen wir den Mut haben, zu erkennen, daß sie in der Bundesrepublik Deutschland bereits allerorten geschieht und daß sie eben keineswegs eine fröhlich-friedvoll-solidarisch-tolerante Absicht hat, sondern unsere *wohlmeinenden Absichten zur bösen Zerstörung zu mißbrauchen sucht. Unverhüllt kommt das in einem Text von H. J. Gamm zum Ausdruck: „Konkret bedeutet Friedenserziehung, die Unversöhnlichkeit sozialer Antinomien deutlich zu machen und daher die Verweigerung eines bloß harmonisch getönten Friedensdenkens. Die... emotionale Vorstrukturierung in einer noch immer durch christliche Ideologie beeinflußten Friedenshoffnung nötig zu spezieller Wachsamkeit, um den nötigen Grad an Härte und Unversöhnlichkeit aufrecht zu erhalten. Friedenserziehung schließt... die strickte Verweigerung von bloßen Friedensritualen ein." (Was heißt Friedenserziehung in der spätbürgerlichen Gesellschaft? In: Voets, Stephan (Hrsg.) Sozialistische Erziehung, Hoffmann und Campe, Hamburg 1972, S. 212.)*

Nicht wahr – begreift Ihr jetzt, warum es so enorm erfolgversprechend ist, vornehmlich bei den Frauen anzufangen? Mit den Männern könnt Ihr es zwar bewährterweise leichter zu Kriegen zwischen den Nationen bringen, aber ein freiwilliger Völkerselbstmord durch das Umfunktionieren der Frauen ist wesentlich eleganter und darüber hinaus ein Novum in der Geschichte. Ihr braucht, wie gesagt, auch nicht die mindeste Befürchtung zu haben, daß Euch auf Euerm Siegeslauf die Regierenden Steine in den Weg legen; im Gegenteil: Sie haben geradezu sklavisch das füßestampfende Geschrei der Frauen nach Gerechtigkeit durch gesetztliche Maßnahmen zu unterstützen, die die Kinder staatlicher Einflußnahme zuführen und die veraltete Familie in den Orkus schicken. Im Zeitalter der Verabsolutierung des Relativen, in einer Gegenwart, die das Hineinfragen in die Geschichte verlernt hat, wird der Verbreitung Eurer Parole, daß die Familie überholt sei, kein ernsthafter Widerstand entgegengesetzt werden. Es haben sich längst ungebildete Konformisten bereitgefunden, die platte Lüge aufzutischen, daß Familiengemeinschaft im Grunde lediglich eine vorübergehende Einrichtung des Kleinbürgertums gewesen sei. Daß der Name „Familie" bereits für die Römer existierte, daß sich in den ersten Niederschriften des Homo sapiens schon Berichte über sie als Ureinrichtung befinden – diese Wahrheit wird niemand mehr auftischen mögen, weil die Diktatur der 51 Prozent die Abschaffung der antiquierten Einrichtung postuliert. Kürzlich behauptete forsch sogar ein alter Medizinmann von Rang in einer namhaften Wochenzeitung, daß nur noch einige ewig Gestrige von ihrer Lieblingsidee Familie tönten, obgleich es die doch eigentlich gar nicht mehr gäbe.

Hier bezieht sich der Kollegmeister offensichtlich auf eine Äußerung von Prof. R. Lempp, die man tatsächlich kürzlich in der geschilderten Form in der „Zeit" lesen konnte: „Diese Erkenntnisse (über die lebenslänglichen Schäden durch frühe Mutterentbehrung) werden heute... als ewiges psychologisches Grundgesetz angesehen, das als Argument... zur Glorifizierung der Familie herhalten muß, ohne daß man zur Kenntnis nimmt, daß es diese in weiten Bereichen in ihrer ursprünglichen Form und Funktion gar nicht mehr gibt. Da die Familie als solche erst in geschichtlicher Zeit entstanden ist, wird man sich an den schockierenden Gedanken gewöhnen müssen, daß sie auch wieder verschwinden könnte. Die Politiker, die die Familie und ihre Unersetzbarkeit beschwören, haben sie erst zu einem Zeitpunkt entdeckt, als sie zu zerfallen begann." Doch tut die Hölle dieser Entgleisung zu viel Ehre an, denn die Mehrzahl aller Biologen und Anthropologen ist fest davon überzeugt, daß Familie eine der Grundkonstanten jeder menschlichen Kultur ist. Nach C. Levi-Straus sind die Heiratsgebote der deutliche Beginn jeder *menschlichen Kultur, alle Verhaltensforscher aber (von Konrad Lorenz bis zu Desmond Morris) wissen, daß der Familienzusammenhang und die dauerhafte sexuelle Bindung des Menschen zur Aufzucht der*

Kinder von Anfang an so unabdingbar notwendig waren, daß alle biologischen „Tricks" der gesteigerten erotischen Bindungsfähigkeit aufgeboten wurden, um seit einigen Millionen Jahren (!) den Menschenmann zum verläßlichen und treuen Familienvater zu machen. Wenn Prof. R. Lempp mit seiner Behauptung recht hätte, würde es ihn gar nicht geben, denn die Menschheit wäre vermutlich längst zugrunde gegangen. Seine eigene Existenz als Mitglied einer menschlichen Kulturgemeinschaft widerspricht also seiner Behauptung, daß es ohne die tragende Säule aller menschlichen Kulturfähigkeit (ohne Familie) auch gehen könnte!

Nun, wenn auch Kommunen, Wohngruppen, Heime und die hohe Scheidungsquote schon sehr sichtbar machen, wie gut wir im Hinblick auf die Abschaffung der Familie in letzter Zeit vorangekommen sind, so dürft Ihr Euch in diesem Punkt dennoch nicht in Sicherheit wiegen. Es gibt da immer noch Inseln, in denen klar bewußte, mit zähem Verantwortungsgefühl vor Gott erfüllte Elternpaare für einen festen Zusammenhalt sorgen. Aber das derzeitige Familienministerium hat schon versprochen, uns mit all seinem Geld behilflich zu sein, um die verkrustete Struktur der „Kleinstagentur Familie mehr und mehr aufzubrechen", wie es in einer amtlichen Verlautbarung zu lesen ist. Wir brauchen diese Hilfe auch sehr. Deshalb bedarf dieses wackere Ministerium unserer fleißigen Unterstützung; denn der bewußte Widerstand in den einzelnen Familien, die Hervorbringung seelenstarker, liebesfähiger und leistungsbereiter junger Menschen aus Elternhäusern, in denen man sich um die Kinder kümmerte, ist für uns Zerstörer das moderne Hindernis schlechthin.

Im Grunde schwer vorstellbar. Was behauptet da dieser Teufelsberater? Unser Familienministerium sei dabei, den Einfluß der Familie zu dezimieren? Aber es ist doch just für die Belange der Familie von Millionen wählenden und steuerzahlenden Familienvätern und -müttern ins Leben gerufen. Wer sich näher zu informieren sucht, lese einmal den zweiten Familienbericht, dem die Ausdrücke im Referat des Kollegmeisters entnommen sind. Erschütternd: Er sagt die Wahrheit, ja er untertreibt eher als daß er übertreibt! Inzwischen kann man den Zeitungen entnehmen, daß das Familien*ministerium ein Großabtreibungszentrum in Hamburg eröffnet hat – von ihm voll finanziert! (Hamburgteil der „*WELT*" Februar 1981.)*

Von besonderer Delikatesse ist es auch, daß die nestlosen Kuckucksvögel häufig die dumpfe Neigung verspüren, ausgerechnet durch ein exzessiv soziales Engagement sich von ihrer eigenen Hilfsbedürftigkeit zu befreien. Und da ihnen die überschüssige Liebeskraft für einen solchen Beruf fehlt, werden sie zu schrägen Vögeln im staatlichen Dienst, die die zu Erziehenden statt mit Liebe, Treue und opferbereiter Vorbildlichkeit mit Haß auf die Gesellschaft vollpumpen und ihnen Unbeständigkeit und Hemmungslosigkeit vorleben. Diese selbst seelisch Kranken im staatlichen Dienst sind die nützlichsten Zugpferde für das Zerstörungswerk von Diabolos. Sie müßt Ihr fleißig in ihrem Haß auf die Gesellschaft fördern. Die Zerstörung der jeweiligen Gesellschaft naht innerhalb von zwei Generationen, wenn Ihr auf diesem Sektor hinreichenden Anfangsfleiß entwickelt und gezielt den Zusammenhalt der Familien stört. Später läuft alles wie geschmiert von ganz allein.

Leider gibt es keine Statistik darüber, wieviele solcher „selbst seelisch Kranken im staatlichen Dienst" als Lehrer, Sozialarbeiter, Schulpsychologen und Beratungsbeamte an Sozialämtern und „Pro-Familia"-Büros tätig sind. Ihre Zahl muß aber bereits recht groß sein, wenn man berücksichtigt, wieviel Protest von Eltern sich gegen diese Institutionen schon angesammelt hat. In Hessen waren einige Junglehrer, die bei Beginn ihrer Tätigkeit den Schülern erklärten: „Bei uns könnt ihr nur eins lernen: wie man Revolution macht!", der Anlaß, den „Hessischen Elternverein" zu gründen. Durch ihn wurde nicht nur der Kultusminister ge-

zwungen, diese südhessischen Junglehrer zu entlassen, sondern schließlich mußte er sogar selbst gehen und so erfahren, daß elterliche Schutzpflicht und Sorgebereitschaft für die Kinder sich mobilisieren, wenn es der Staat zu toll treibt. Nicht die Kinder, aber die Eltern lernen auf diese Weise – aber anders, als es sich die seelisch Kranken im Staatsdienst dachten –, „wie man Revolution macht!".

8. KOLLEG

STATT ORIENTIERTHEIT – VERUNSICHERUNG

Kameraden!

Ich vermute, daß Ihr nach der Darstellung der erfreulichen Aussichten, die ich Euch in der vergangenen Nacht vor Augen führte, gut geschlafen habt, und dennoch möchte ich Euch heute ermahnen, wach und einsatzfreudig zu bleiben. Noch läuft die Sache nicht mit der nötigen Beschleunigung unaufhaltsam dem Abgrund zu. Noch sind die himmlischen Gegenkräfte am Werke. Am seidenen Faden der wenigen, die sich bewußt in deren Dienst stellen und der noch ziemlich vielen Naiven, die – von Euch zu wenig angesprochen – unbewußt gerade und unbekümmert redlich ihres Weges ziehen, hängt das ganze Gefüge der Bundesrepublik scheinbar noch in einem mäßig friedlichen Gleichgewicht.

Auf diese Leute, die ohne nachzudenken einfach nur ihrem Instinkt folgen, solltet Ihr nicht vergessen, Eure Aufmerksamkeit zu richten. Denn im Instinkt ist die richtige Marschroute einprogrammiert, wie bei jedem Tier. Der Mensch allein hat darüber hinaus die Chance, mehr zu werden als ein Mosaikstein auf dem Weg der Aufwärtsentwicklung durch die Äonen, wie die Pflanzen und Tiere. Ihm wurde die unsinnige Auszeichnung verliehen, innerhalb seines kleinen individuellen Erdendaseins unter Zuhilfenahme eines bewußten Glaubengehorsames, das Klassenziel der Vereinigung mit Gott quasi in *einem* Sprung zu erreichen.

Diese „unsinnige" Auszeichnung ist es, die den Menschen „nur ein wenig geringer als die Engel" macht (Hebr 2, 7), und auf die die gefallenen Geister verzichtet haben!

Weil aber die Fähigkeit, zu denken und Bewußtsein zu entwickeln, ihm ein Stück der Instinktsicherheit seines Unbewußten raubt, ist um so stärker im Menschen das Bedürfnis nach gedanklicher Klarheit, nach Erkenntnis, im Grunde also nach eindeutiger Orientierung angelegt.

Und hier nun habt Ihr mit Geschicklichkeit die braven, geduldigen Zugtiere, die ohne zu fragen im Joch des Lebens und damit im Dienst des Herrn der oberen Welt ihre Lebensfurchen ziehen, einzufangen. Ihr müßt ihnen das „Hinterfragen" so penetrant zur Mode machen, daß auch sie Versuche unternehmen, „rational" den Dingen auf den Grund zu kommen. Das läßt sich nicht unmittelbar durch die Medien bewältigen; denn diese Arbeitstiere sind abends so müde von ihrem Tagwerk, daß sie gar nicht mehr aufnahmefähig sind. Die erste Voraussetzung dazu, daß hier Verführung greifen könnte, heißt also Arbeitszeitverkürzung und Gewinnung von mehr Freizeit, mehr Urlaub. Diesen Leuten müßt Ihr erst das Vakuum schaffen, damit sie überhaupt zum Nachdenken gebracht werden können.

Leichtfertig macht sich hier die Hölle mit durchaus vernünftigen Gründen zum Befürworter der Arbeitszeitverkürzung. Was sie aber nicht bedenken: Es könnte das „Vakuum", in dem die Menschen Zeit zum Nachdenken haben, doch auch positiv genützt werden! Freizeit könnte den Menschen doch auch zu mehr Einsicht in Gottes Weltenplan, zu mehr echter Bildung des Herzens und des Hirns und damit zu mehr religiöser Aufgeschlossenheit bringen!

Vergeßt auch hier die Frauen nicht! Sie sind zwar oft nur mit Mühe ihrer fruchtbaren vegetativen Schläfrigkeit zu entreißen; aber wenn Ihr sie fleißig in die Verbildungsanstalten schiebt und sie mit unfruchtbarmachenden Medikamenten füttert, dann werden auch unter diesen immer mehr untätig schwätzend, miteinander Kaffee trinkend und Cracks knabbernd vor der Glotze hocken.

Unerträglicher, teuflischer Hochmut! Es kann kein Zweifel daran herrschen, daß der Teufel ein Mann ist, und zwar einer von der schlechtesten Sorte, nämlich ein Frauenverächter. (Da ist es auch kein Trost, daß er auch ein Männerverächter ist!) Aber wir können aus diesen Haßtiraden doch eines lernen: das, was hier ihre „fruchtbare vegetative Schläfrigkeit" genannt wird (zu Unrecht übrigens, denn wer *hat geschlafen,* wer *war „vegetativ-schläfrig", als die Schlange mit Eva sprach?), ist dem Teufel offensichtlich besonders unbequem und nach der Emanzipation davon, wie er sie hier als Karikatur schildert, verlangt es ihn geradezu lüstern. Das aber kann für uns nur heißen, daß die Frau für den Teufel in ihrer vollen Mutterfunktion am wenigsten angreifbar ist, dagegen „interessant" wird, wenn sie die sichere Basis ihrer Existenz verläßt und sich in den freien Raum der sogenannten emanzipatorischen Selbstverwirklichung begibt. Wir müssen also aufpassen: Wer sich in Gefahr begibt, kommt darin um – das ist die Hoffnung der dunklen Strategen. Setzen wir ihr entgegen: Wer sich der Gefahren bewußt ist und sich dagegen absichert, indem er guten Brauch von Mißbrauch der Emanzipation zu unterscheiden weiß, der wird auch als Frau – auch als emanzipierte Frau! – für den Teufel uninteressant und unergiebig bleiben!*

Greift kräftig zu, umbuhlt besonders die schlichten Gemüter in der Bevölkerung, macht ihnen ihren Wert als Arbeitskräfte bewußt, verdeutlicht ihnen, daß sie viel mehr Rechte haben, als man ihnen zubilligt, und zeigt ihnen ein einziges simples Erklärungsmodell für jegliches stumpfe, subjektive Unbehagen auf: den sie ausbeutenden Arbeitgeber. Laßt sie spüren, daß es für sie nötig ist, in einen „Lernprozeß" einzutreten, um ihr „Bewußtsein zu verändern". Denn die meisten dieser Menschen haben bisher – im Grunde gar nicht so dumm – ihren irdischen Arbeigeber für Gottes Stellvertreter, für einen von ihm Delegierten genommen und damit schlecht und recht in einem friedlichen, sinnvollen Einklang mit ihrer

Bestimmung gestanden. (Bei den Nur-Hausfrauen erfüllte der die Brötchen verdienende Ehemann diese Funktion.) Schürt in diesen Menschen also eine lernbereite Unruhe, setzt dazu an, sie zur „Kritikfähigkeit" zu erziehen.

Hier greift der raffinierte Teufelsgelehrte in der Tat ein prekäres Phänomen auf: Natürlich läuft ein Familienschiff besser, wenn da die Aufgaben eindeutig verteilt sind: Wenn der Mann der Kapitän und die Frau der 1. Offizier ist. Viele Köche verderben nur allzu leicht den Brei! Und wenn sich alle selbstlos im überpersönlichen Dienst, im Dienst für Gott fühlen, ist die Wirkung sicher auch optimal. Aber wenn die gottlos gewordenen Wissenschaften Gott für nicht existent erklären, entsteht logischerweise die Gefahr, daß der Kapitän sich an die Stelle Gottes setzt und seine Macht mißbraucht. Dann kann die Frau nicht mehr einsehen, warum sie nicht selbst der Kapitän, warum sie nicht der Familiengott ist. Diese *Lage ist die Voraussetzung zum Konkurrenzkampf der Geschlechter, zur Meuterei auf dem Familienschiff! Was dabei herauskommt, ist bereits in der so rasant angestiegenen Quote der Ehescheidungen sichtbar: Zahllose Familienschiffe und mit ihnen die Fracht für die Zukunft, die Kinder, gehen zugrunde.*

Besonders auch bei jungen Menschen in der sogenannten Pubertät ist das Konkurrieren um die Macht sehr erfolgreich. Eine unbestimmte Unruhe zu fühlen, das geschieht den Menschen in diesem Alter ohnehin; denn sie sollen sich, wie gesagt, vom Nestrand ablösen, sie sollen sich abstoßen vom beschützenden Elternhaus, um die ihnen zugedachte personale selbstverantwortete Freiheit in Anspruch zu nehmen. Das schafft also ohnehin Unlust, und es erscheint deshalb in diesem Alter besonders plausibel, für die diffuse Neigung zur Verweigerung ein Objekt nicht nur in den Eltern, sondern in der gesamten bösen Gesellschaft erkennen zu dürfen. Das läßt viele neue künstliche Konflikte mit den Angehörigen entstehen, weil die Alten sich ungerechtfertigterweise so global verdammt fühlen und die aufmüpfige, verächtliche Undankbarkeit der Brut zum bitteren Kraft-verschleißenden Seelenstachel wird.

In der Tat ist die Pubertät sozusagen die biologische „Soll-Bruchstelle" für eine natürliche Ablösung der Kinder vom Elternhaus und für ihren Erwerb eigener Selbständigkeit in der schweren Kunst der Selbstbehauptung. Aber diese kritische Phase, in der die Eltern sich sachte aus ihrer berechtigten und notwendigen autoritär-beschützenden Aufgabe zurückziehen sollen, um den Kindern den Weg zu eigener Verantwortung freizugeben, kann ohne dramatische Komplikationen verlaufen, wenn die vorhergehenden Abschnitte der kindlichen Entwicklung in voller elterlicher Zuwendung und wacher Verständigungsbereitschaft verliefen, wenn das Familienschiff unter der Flagge Gottes lief, d. h., wenn der Alltag im Geist gelebter, verantwortungsbewußter Liebe stand, statt sich in gegenseitiger Selbstdarstellung und Machtanmaßung zu überbieten. Sie erst bereitet ja den Boden für die Verführung zur Meuterei bei den Jugendlichen der modernen „Familienschiffe"!

Manche klarsichtigeren Eltern ergreift nun eine für uns gefährliche Angst im Hinblick auf den Sog der Verführung, in den sie ihre Kinder ohnmächtig hineingeraten sehen. Versäumt es in dieser Situation nicht, mit viel Verve Konfliktbereitschaft zur neuen Pflicht, zur neuen Vorschrift zu erheben. Besonders bei den Intellektuellen und bei den Frauen werdet Ihr da offene Türen einrennen; denn sie haben ohnehin mehr Freude daran, über ihre inneren Befindlichkeiten zu sprechen. Es gehört eben zur Sonderbegabung der Frauen, auf diesem Weg Anstoß zum Bewußtsein subjektiver Befindlichkeiten zu geben, denn dies wiederum kann Anstöße zu eindeutigerer Originalität des Menschen auf dem Weg zu Gott erbringen. Diese Begabung also nehmt Euch vor und verbiegt sie zur penetranten Unsitte schaumschlägerischer Wichtignehmerei der Eigenbefindlichkeit, analysiert die mückenhaften Gefühle und bläht sie auf zu Elefanten der Unzufriedenheit. Macht alles und jedes zum Problem, indem Ihr jeden einzelnen dazu verpflichtet, sich gegen die Nächsten in seiner Umgebung durchzusetzen. Empfehlt ihnen, gegen die „unerträgliche Enge“ ihrer Umwelt den Kontakt zu Gruppen zu suchen, die Unzufriedenheit mit dem Alltag schüren und die unerfüllbaren Riesenerwartungen gegenüber den Familienmitgliedern zum einklagbaren Recht erheben.

Welch eine Bösartigkeit liegt in dieser Strategie: Die notwendige fruchtbare Bereitschaft zur Unzufriedenheit mit dem Bestehenden zwecks Verbesserung nun umzufunktionieren zu einer Vorbereitung der Zerstörung des Schöpfungswerkes! Daß das durch Aufblähung egoistischer Riesenansprüche möglich ist, leuchtet ein. Das Ich kann ja sehr schnell maßlos werden, wenn man ihm fleißig einredet, wieviel ihm eigentlich zusteht, wie wenig es hat und wieviel Grund zur Unzufriedenheit infolgedessen vorhanden ist.

Vor allem die Ehen lassen sich auf diese Weise prächtig zerrütten. Den Männern solltet Ihr schließlich allenfalls drei negative Reaktionsformen offenlassen:

1. An dem nörgelnden Anspruch ihrer Frauen, allabendlich zu zerredenden und zermürbenden Gesprächen bereit sein zu sollen, die Geduld zu verlieren und um sich zu schlagen. Auf diese Weise lassen sich heutzutage rasch und wünschenswert die Zahlen entwurzelter Scheidungswaisen vermehren. Oder

2. leise ein Doppelleben mit viel Aushäusigkeit und nur flüchtigen Beziehungen zu anderen Frauen zu beginnen oder sich

3. zu unterwerfen, die Lippen zu schürzen und das aufgeblähte Getue in Hampelmannmanier mitzumachen. Auch diese letzte Lösung ist nur oberflächlich, nur scheinbar ein konstruktiver Fortschritt. In der Mehrzahl der Fälle stellt er die Selbstverständlichkeit des arbeitsteiligen Verbundes der Ehe nicht nur nicht wieder her, sondern führt auf dem Boden

der Fehlvorstellung von den austauschbaren Rollen zu immer neuen Forderungen und Unzufriedenheiten der Frauen, die nach Machermanier den Versuch unternehmen, sich ihre Ehemänner nach dem eigenen Bilde zurechtzuhauen. Selbst der relativ geduldige Typ der Ehemänner pflegt dagegen nun freilich Widerstände zu entwickeln. Er fängt an, zu schweigen, zu saufen, zu verheimlichen oder er erweist sich unversehens als Folge der Dressur im Bett als Schlappschwanz. Kurzum: Das fiktive Herbeireden der Probleme führt schließlich wirklich zu Problemen.

Dies ist die entscheidende Erkenntnis: „Problembewußtsein", das als hohe Tugend und hohes Erziehungsziel proklamiert wird, ist letztlich zugleich künstliche Problemanfälligkeit. Viele sogenannte Probleme der heutigen Ehe – zum Beispiel auch im Sexualbereich, wo ständig die jeweilige „Orgasmuserfahrung" problematisiert, erforscht, hinterfragt wird – werden auf diese Weise zunächst herbeigeredet, um dann zu unbewältigten Konflikten zu gedeihen. Am Ende steht eine Eheunwilligkeit und Eheunfähigkeit, die sich im katastrophalen Ansteigen der Scheidungszahlen ausdrückt.

Und an dieser Stelle solltet Ihr der agilen Ehefrau fleißig zuflüstern, diese in einer Ehepaargruppe heilen zu können. Hier läßt sich die Sache zu einem Existenzproblem für den Mann ausweiten; denn der zum Richtergott ernannte Gruppenkonsens benötigt mindestens ein schwarzes Schaf, das – für uns erfreulicherweise – erbarmungslos zerbissen wird, und dazu läßt sich der nur widerwillig herbeigezerrte, renitente Ehemann prächtig verwenden.

Dieser Hinweis sollte uns vor dem Mißbrauch der Gruppendynamik, einer modernen psychotherapeutischen Heilmethode warnen. Schonungslose Entblößung vor anderen und ungehemmte Entfesselung aufgestauter Aggressionen können nur bei sehr robusten und widerstandsfähigen Menschen allenfalls auch günstige Heilerfolge erzielen.

Alles dies entfacht neu die ohnehin vorhandene Angst der Männer vor dem Machtanspruch der Frauen, die sie als Erfahrung an ihren Müttern mit sich herumtragen und von denen sie sich nur mühsam befreit haben, und läßt schließlich auch diese konzessionsbereiten Ehemänner schaudernd fliehen – heute nicht mehr selten zu den eigenen Genossen sogar als Geschlechtspartner, wodurch sich eine neue delikate Steigerungsform des Unglücks und des Verderbnisses, der Ehepaarspaltungen und damit ein erfolgreiches Untergraben der Schöpfungsordnung erreichen läßt.

Was der Kollegmeister hier „zart" andeutet, muß uns alarmieren. Männliche Homosexualität (denn die ist offensichtlich gemeint) ist also oft als Flucht vor der Frau zu verstehen. Ihr enormes Ansteigen in den letzten Jahren wäre also gelegentlich auch als Nebeneffekt einer falsch verlaufenden Frauenemanzipation zu betrachten.

Wendet also fleißig das Bedürfnis nach bewußter Klarheit in der Orientierung zu einer makabren Verunsicherung und Verwirrung der Gemüter um. Stellt alles in Frage, diskutiert „kontrovers", helft mit, die einfachsten Selbstverständlichkeiten für „irgendwie" änderungsbedürftig zu erklären, und die Menschen werden schließlich keinen einzigen Schritt mehr vorwärts schaffen, ohne über tausenderlei Bedenklichkeiten zu straucheln. Zerschwätzte Aufmüpfigkeit treibt die orientierungslos gewordenen Seelen dann scharenweise in die Verzweiflung und damit in Eure Netze.

Daß Kinder ganz und gar nicht mehr erziehbar sind, wenn die Eltern liebevolle Spontaneität auf dem Boden eines gesunden Gottvertrauens zugunsten von tausenderlei Bedenklichkeiten einbüßen, sollte Euch selbstverständlich sein. Und deshalb ist es dienlich, der schon reichlich vorhandenen Not mit den Kindern durch eine verwirrende Vielfalt pädagogischer Literatur mit den widerstreitendsten Theorien und einer scheinrespektvollen Rezeptlosigkeit zu begegnen.

Macht sie unsicher, wo Ihr nur könnt, indem Ihr ihnen den

letzten Schleier unreflektierter Instinktsicherheit raubt und laßt ihnen dann durch all die professionellen Seelenhelfer, die wie Pilze aus dem Boden geschossen sind, achselzuckend den Rat erteilen, daß man den eigenen Weg schließlich selbst, schön allein, zu finden habe.

Kürzlich ernannte eine meiner Studentinnen sogar mich in ihrer Verzweilfung zu ihrem Ratgeber in Seelennöten. Auf meine Entgegnung, sie möge sich mit ihrem Konflikt doch an einen Fachmann wenden, erklärte sie, mindestens ein halbes Dutzend davon konsultiert zu haben, ohne daß einer auch nur im mindesten einige entwirrende Worte im Hinblick auf ihr Problem gefunden habe. „Die lassen sich bezahlen und schweigen sich aus wie die Sphinx“, sagte die junge Dame. – Der alte Vorwurf, den Goethe einst den Göttern machte, ließe sich hier verwenden: „Ihr laßt den armen schuldig werden, dann überlaßt ihr ihn der Pein …“ das könnte man wohl auch von den modernen Ersatzgöttern aus dem Bereich der Psychologie und Pädagogik sagen!

So ist es recht: Lockt gerade die, die bisher mit gesenktem Blick ihrer Witterung folgten, mit solchen grell-blinkenden Irrlichtern ins Moor, blast die Funzel dann aus und laßt sie dort im Dunkeln stehen. Die Angst kann zur Panik eskalieren und viele derart Verführte kopflos ohne Wiederkehr in die Moorlöcher des Lebens treiben.

Freilich gibt es immer auch eine erkleckliche Zahl, die der Suhle mit letzter Kraftanstrengung zu entfliehen vermag. Das ist keine ganz unbedenkliche Situation, denn der Mensch hat vom Herrscher der oberen Welt ein starkes Bedürfnis nach Reinlichkeit, nach Reinigung, nach Befreiung vom Seelenschmutz mit auf den Lebensweg bekommen. Das Erleben von Sündenpfuhl, gleich welcher Art, mobilisiert die dazu installierte Gewissensinstanz und weckt das Bedürfnis nach Umkehr, nach Entsühnung, nach Buße. Seid hellwach, wenn die Folgen unserer Verführungskünste die Menschen so unglücklich machen, daß sie den Schlamm von ihrer Seele abwaschen möchten! Ein probates Mittel, an dieser Stelle unser Werk nicht scheitern zu lassen, besteht darin, die besudelte Mehrheit, eben weil es die Mehrheit ist, zum eigentlich erstrebenswerten, neuen Zustand, zum Inbegriff des Normalen zu erklären. Ihr müßt fahneschwenkend die Verdrecktheit als erstrebenswert hinstellen, Ihr müßt die wenigen Abseitsstehenden, noch Unverdorbenen, für hinterwäldlerisch, für reaktionär erklären. Ihr müßt sie durch die Gruppen der Besudelten auslachen lassen und sie in die gefährliche Lage bringen, ins Out gestoßen zu werden – sie werden sich erschrocken in die Pfütze werfen, nur um zu sein, wie die anderen.

Das setzt allerdings voraus, daß die vom Teufel richtig erkannte Gewissensinstanz außer Betrieb gesetzt wird. Aber genau darauf zielt letztlich eine zur Weltanschauung arrivierte Psychoanalyse, die im Gewissen nur den „internalisierten Vater" sieht, diese väterliche Instanz aber gleichzeitig als autoritär und unterdrückend diffamiert, so daß schließlich bei den Verführten der Eindruck entsteht, man müsse sich, um wahrhaft frei zu werden, als erstes von seinem eigenen Gewissen befreien. Das aber ist genauso falsch, als wolle man, um wirklich „frei" wandern zu können, zunächst den Kompaß und die Landkarten wegwerfen!

Auf diese Weise haben wir in den letzten Jahren allerlei zuwege gebracht. Nicht nur, daß wir ganz real die Leute dazu angehalten haben, das Verdreckte, das Unsaubere, das Schlotterige in der Kleidung für erstrebenswert zu halten; wir haben den herrlichen Trick angewandt, das Bedürfnis nach einem guten Gewissen umzufunktionieren, indem wir das Chaotische, das Unordentliche, das Unsaubere als normal, das Gesunde, das Ordentliche für abartig erklärten. Auf diese Weise haben wir bei den noch Standfesten den Widerstand gegen die Versuchung in zahllosen Fällen aufzulösen vermocht. Wenn alle trinken in fröhlicher Solidarität – wer will da noch darauf beharren, daß Alkohol ein Gift ist? Wenn

84 000 Frauen innerhalb eines einzigen Jahres legal abtreiben – wer will da noch meinen, daß das ein Unrecht sei? Wenn alle Eltern nackt vor ihren Kindern herumhüpfen – wer wird da noch behaupten, es handele sich nicht um das absolut Natürliche? Wenn so viele Menschen stehlen – was um Himmelswillen ist dann eigentlich dabei? (Zumal die ausbeutenden Kaufhauskönige – da habt Ihr ohnehin schon erfolgreich gehetzt – ihre Ware eigentlich sowieso an die Besitzlosen verteilen müßten, denen sie im Grunde gehören.)

Also wieder der alte Trick: erst das Ungesunde zur Mehrheit machen und dann die Mehrheit zur Norm erklären! Aber unbeirrbar muß dem entgegengehalten werden: 60% jugendlicher regelmäßiger Alkoholkonsumenten, 10 000 jugendlicher Drogenabhängier, 84 000 legale Abtreibungen – das alles als Zahlen eines einzigen Jahres in unserem Land – darf uns nicht als neue Mehrheit beruhigen, sondern muß uns im höchsten Maße alarmieren.

Der Druck auf die bisher Unbehelligten wächst darüber hinaus sehr rasch, weil die Besudelten meinen, ihr schlechtes Gewissen würde sofort schweigen, wenn *alle* im gleichen Zustand wären, wenn auch die letzten von ihnen hinübergezogen seien, so daß die Sünde per Mehrheitsbeschluß zur allgemeinen Maxime erklärt werden kann. Auf dieser Hoffnung, auf dem Bedürfnis der Beschmutzten durch Beschmutzung aller von eigener Beschmutzung frei zu werden, beruhen die vielen leidenschaftlichen Bemühungen der Elenden, den noch nicht Elenden ihre Sünde als Fortschritt, als Patentrezept zum Glück aufzunötigen, aufzudrängen, am besten in Gesetzen festzuschreiben und alle zu zwingen, den Weg in das gleiche Elend einzuschlagen, das sie haben erleiden müssen.

Den Bekenntnissen einer Reihe prominenter Frauen „Ich habe abgetrieben“ liegt versteckt ein solches Bemühen um Anregung zur Mittäterschaft zugrunde. In teuflischer Weise ist hier eine Vorbildaufgabe in der Öffentlichkeit mißbraucht worden. Diese Solidarität der Sünder ist in der Tat ein für die Zwecke der Hölle sehr hilfreiches Verhalten, das sich überall beobachten läßt. Begriffen doch nur die eifrigen Solidarisierer, was eigentlich mit ihren heiligen Bemühern um Gemeinsamkeit gemeint ist: die gemeinsachaftliche Orientierung am Fixpunkt Gott!

Es gibt im öffentlichen Leben dieser Bundesrepublik Deutschland zahllose Frauen – meistens Akademikerinnen –, die ihre Kinder von Anbeginn an abschoben, um ihrer „Selbstverwirklichung" nachzustreben, und die nun an ihren Kindern das ganze Elend erleben, das einem blüht, wenn die vernachlässigte Brut herangewachsen ist, und die gerade deshalb die ganze Kraft ihrer hochgezüchteten Durchsetzungsfähigkeit dazu einsetzen, das gleiche Schicksal allen Müttern aufzunötigen. Sie preisen institutionalisiertes Kinderschicksal als den höchsten Fortschritt und suchen die durchgängige Berufstätigkeit der Familienmutter festzuschreiben, statt alles zu tun, um aus der eigenen Not den Schluß zu ziehen, die jungen Mütter vor unreflektierter Nachahmung zu warnen. Das unbewußte Bedürfnis, das eigene Schuldgefühl zu entlasten, indem man eine Solidarität der Sünder herstellt, übertönt – für uns Teufel sehr erwünscht – hier immer wieder das Bedürfnis nach Mitverantwortung für die Zukunft. Ja, ganze Arbeit ist dann geleistet, wenn Ihr den Avantgardistinnen des Verderbens suggeriert, daß man den Müttern, die ihre Kinder verlassen, ihr Schuldgefühl nicht zumuten kann und daß es aus Mitleid mit ihnen nötig sei, die Schuld generell für abgeschafft, das fragwürdige Handeln für gut und recht und Warnungen vor Entwicklungsschäden als böse zu erklären.

Es ist beispielsweise vielfach (auch von Amtsstellen der Evangelischen Kirche) gegenüber Christa Meves und ihrer Aufklärungsarbeit der ausdrückliche Vorwurf erhoben worden, sie mache den jungen Müttern Schuldgefühle. Wo bleibt da aber die Erkenntnis, daß mit der Einsicht in das

„Mea culpa" überhaupt erst der christliche Weg der Reue und der Umkehr beginnt? Andernfalls müßte man konsequenterweise schließlich in unseren Gerichten den Staatsanwalt abschaffen (denn er macht den Angeklagten Schuldgefühle) und in der ärztlichen Kunst die Diagnose (denn die macht dem Kranken lästige Krankheitsgefühle).

Aber nicht nur über das schlechte Gewissen, das sich zu Recht meldet, nicht nur mit Hilfe des unlauteren Reinigungsversuches von echter Schuld durch Mit-Verderben anderer Zeitgenossen, können die Menschen für Euch zu Handlangern werden. Ihr könnt auch Schuldgefühle künstlich züchten und sie zwecks fröhlicher Verderbnis zum Aufheizen der Aggressionen verwenden – Schuldgefühle gegen die Randständigen, Schuldgefühle gegen das Elend in der Dritten Welt, Schuldgefühle generell, weil die Bundesbürger alle genug zu essen und ein Dach über dem Kopf haben. Das erzeugt auf dem Boden des Reinigungsbedürfnisses dumpfes Unbehagen, und dieses wiederum läßt sich prächtig dazu verwenden, die Menschen in Scharen zur Kampftruppe zusammenzuschweißen, die sich für die Befreiung von Not (und eigener Schuld) durch kommunistische Machtergreifung einsetzt.

Niemand sollte hieraus schließen, daß Schuldgefühle gegenüber den erwähnten Gruppen an sich falsch und generell unnötig seien. Wir haben durchaus und alle an vielen Stellen Grund zu echten Schuldgefühlen – man denke nur an die Kollektivschuld der Deutschen gegenüber den Juden. Aber hier ist die Rede davon, solche Schuldgefühle „künstlich zu züchten" und Totschlagimpulse gegen die für schuldig Befundenen zu schüren. Dabei werden die Randständigen, die Armen der Dritten Welt nicht abgeschafft dadurch, daß man alle zu Armen und Randständigen macht. Wie fürchterlich dieser Wahn ist, zeigt die Brutalität und Armut in den Diktaturen der Erde.

9. KOLLEG

STATT LEBENSFREUDE – SEXUALISIERUNG

Meine Partner!

Verführung am Fleisch auszusetzen, ist ein bewährtes Teufelsrezept, seit es Menschen und seit es die eigenständige Regie von Diabolos gibt. Es wäre also unnötig, darüber ein eigenständiges Kolleg zwecks besserer Wirksamkeit in der Gegenwart anzusetzen, wenn heute nicht einige zusätzliche Kenntnisse nötig wären.

Zunächst gilt es, einem Euch lediglich in Euren Erfolg mindernden, anmaßenden Irrtum zu begegnen: Alles Fleisch ist zwar „wie Gras“, aber keineswegs von Diabolos, sondern vom Herrn der oberen Welt erschaffen, und auch die Lust, die Freude an allem Fleisch ist mit seinem Einhauch am Anfang dem Menschen von IHM selbst vermittelt worden. Die Lust, zu essen und zu trinken, sich zu bewegen und zu ruhen, sich einzukuscheln, sich zu binden und sich loszumachen, um sich frei zu fühlen, die Lust, Besitz zu haben, um sich sicher zu fühlen, und die Lust zu lieben, auch in Formen, die vom Geschlechtstrieb bestimmt sind, sind den Menschen von Gott überstellte Freuden, weil ER diese sogenannten Antriebe braucht, um seinen Plan mitten durch das Fleisch hindurch – auf dessen Basis gewissermaßen – verwirklichen zu können.

> *Eine bemerkenswerte Einsicht, die auch für die Theologie wichtig ist, weil sie eine ebenso deutliche wie wahre Schilderung der Liebe und Sexualität im göttlichen Heilsplan enthält. Es fällt auf, daß das „Fleisch“ hier keineswegs als*

Domäne des Teufels – also als schlechthin böse – betrachtet wird, sondern daß ein göttlicher – also guter – Anteil an den biologischen Trieben und ihrer natürlichen Befriedigung anerkannt wird. Die geistige Lust des Menschen zur Gottesliebe wird – so ist hier wohl recht originell gemeint – durch die leibliche Liebeslust des Menschenpaares füreinander gewissermaßen vorgelebt, vorgeahnt, vorgeübt. Das christliche „et incarnatus est" (und er ist Fleisch geworden) bringt so eine gottgewollte Würde der animalisch-menschlichen Leiblichkeit zum Durchbruch, die auch der Teufel anzuerkennen hat: „Fleisch" ist an sich so wenig böse wie „Ein-Fleisch-Sein", aber gerade wegen der göttlichen Legitimation wird das Triebleben zugleich zur geeigneten Angriffsstelle für jede Verführung zum Bösen.

Die vielen Warnungen im Hinblick auf die Fleischeslust, die er seiner Brut immer wieder zukommen ließ und läßt, beziehen sich lediglich darauf, daß der Mensch eben fortgesetzt gefährdet ist, seine Freiheit dazu zu nutzen, mit diesen Antrieben Mißbrauch zu treiben und seine Lust zur Maßlosigkeit anzustacheln. Das geschieht relativ schnell, vor allem bei atheistischer Geisteshaltung. Denn wenn der Mensch Gott abschafft, braucht er einen Götzen; er ist so konstruiert, daß er die Leere, die Sinnlosigkeit seines Lebens einfach nicht aushält. Die Lust nach Gott, die durch die kunstreiche Mischung, Entfaltung und Verfeinerung der Antriebe eigentlich schließlich erreicht werden soll, entartet dann zu der lüsternen Fesselung an *einem* Trieb, der in dem jeweiligen Einzelexemplar Mensch den Vorrang hat. Wer Gott nicht dienen will, wird in die Hölle der Süchte abgeschoben und büßt seine Freiheit ein. Wenn er das merkt, zappelt er längst in der Gefangenschaft Eurer Netze.

Eine legitime theologische Schilderung der Situation, die wieder einmal deutlich macht, daß es dem Kollegmeister keineswegs an Einsicht in die lichte Welt mangelt, sondern daß er lediglich das Gute zum Bösen umpolt, widergöttliche

Konsequenzen aus seiner Einsicht zieht und der guten Absicht Gottes mit seinem Geschöpf Mensch sein listiges zerstörerisches Fehlleiten entgegensetzt.

Bei dieser Marschrichtung also pflegt der Nahrungstrieb zur Freß-, Rauch- und Trunksucht zu entarten, der Bindungstrieb zur unterscheidungslosen mißbrauchten Solidarität, der Selbstbehauptungstrieb zur Herrschsucht, der Besitztrieb zum Kapitalismus, der Geschlechtstrieb zur Anarchie der Perversitäten. Sind erst die Grundantriebe zur Wucherung gebracht, bringen sich die Leute ganz von alleine um; dann könnt Ihr Euch zur Ruhe setzen.

In dieser verkürzten Form durchaus mißverständlich, zumal hier psychologische und politische Begriffe allzu eng verkoppelt werden. Dahinter steht jedoch eine Antriebslehre, wie sie zur modernen psychologischen Anthropologie gehört und vor allem von Christa Meves entwickelt und vielfach dargestellt wurde. Danach sind die vier Antriebsbereiche des Nahrungstriebs, Bindungstriebs, Selbstbehauptungstriebs und Geschlechtstriebs für das Verhalten des Menschen verantwortlich und können in ihrer Entartung (durch Übersteigerung oder durch Unterdrückung) zu ganz bestimmten eindeutig umschriebenen Verhaltensstörungen führen. In der hier gemeinten Verabsolutierung entarten sie zu jeweils spezifischen Formen der süchtigen Dominanz, die dann im ständigen Bedürfnis nach weiterer Steigerung schließlich bei perversen Endpositionen anlangt. Solches süchtige Übermaß an Bindung – im Sinne des vollständigen Verlusts der Eigenständigkeit – sieht der Kollegmeister in einer „unterscheidungslosen Solidarität" – womit wohl vor allem der entpersönlichte „kommunistisch-sozialistische Kollektivismus" angesprochen ist.

Andererseits: Wo die Grundvoraussetzung, der Abfall von Gott, noch nicht durchgängig geschafft ist, könnt Ihr ebenfalls sehr delikat einwirken, indem Ihr den Frommen zuflüstert, jegliche Form von fleischlicher Freude sei bereits Sünde. Dann pflegen die bemühten Leute, vor allem auch bei ihren Kindern zu versuchen, ihnen den Spaß am Leben abzuwürgen. Weil aber Gott selbst die Freude daran geschaffen hat und sie geradezu drängend fordert, quillt den Lustverdrängern die Lust nun unaufhaltsam zwischen den zudeckenden Fingern hervor. Das ist eine herrliche Quälerei: daß die sich zum Hungern Zwingenden an nichts anderes mehr denken als an den Schweinebraten, den sie nicht essen dürfen, daß die, die sich jede Freude an Sexualität verboten haben, tagaus, tagein an ihre sexuelle Phantasie gefesselt sind. Durch Einflüsterung zu derlei Übertreibungen habt Ihr viele Chancen, die Menschen der Hölle zuzutreiben: Daß sie zu willensschwach sind, um die Gebote zu halten, läßt sie verzweifeln und schließlich ihrem Glauben abschwören.

Da der Kollegmeister selbst offensichtlich weder im Fasten noch in sonstigen Formen der Askese Erfahrungen hat (woher auch sollte er sie haben?), unterläuft ihm hier eine gewaltige Unterschätzung des Menschen. Gewiß: wer einen Mangel erleidet und sich an dieses Leiden klammert, wird fixiert daran und für ihn gilt dann, daß er von seinen Phantasien gefesselt an nichts anderes mehr denken kann. Aber Askese ist nicht Erleiden von Mangel, sondern freudiger Verzicht zugunsten anderer, höherer Werte – und diese Form der Bewältigung von Antrieben hat der Kollegmeister hier übersehen (oder mutwillig verschwiegen). Der sittlich Mündige kann – das sagte schon Goethe – „seine Organe belehren“, er kann (so drückte es Sigmund Freud aus), seine Libido sublimieren und so die gute Kraft der natürlichen Triebe zu höheren kultürlichen Zwecken einsetzen.

Heute freilich, und besonders in der Bundesrepublik, ist es im allgemeinen wirksamer, mehr auf Vergötzung als auf Verteufelung der Antriebe hinzuarbeiten. Die Arbeit am Geschlechtstrieb bewährt sich z. Z. am besten; auf diesem Feld haben wir uns in den vergangenen Jahren mit beachtlicher

Systematik eingesetzt. Die Mühe ist klein. Der berechtigte Wille des Menschen zur Lebensfreude und die ebenso berechtigte Angst vor Abschnürung durch Verteufelung der Sexualität wirken selbsttätig. Ihr braucht den Menschen nun nur noch den Floh ins Ohr zu setzen, daß Sexualität gelernt werden müsse; dann fangen sie mit deutscher Gründlichkeit an, bereits ihre Säuglinge in Sexualität zu trainieren. Die Trainer sind leicht gewonnen, als erstes die neuerungssüchtigen, modebewußten Mütter; und wenn die armen Würmer erst in unseren Verbildungsanstalten institutionalisiert sind, drängelt sich freiwillig die erhebliche Zahl der selbst in ihrer Kindheit sexgeschädigten Pädagogen hervor, die mit rührendem Eifer alles tun, um den Kindern zwischen Lüsternheit und Abscheu jede für diesen Antriebsbereich notwendige Spontaneität und Unbefangenheit zu rauben.

> *Hier liegt die Gefahr der schulischen Sexualkunde und der in allen Medien betriebenen, sich geradezu in Enthüllungen des Intimbereichs überschlagenden Sexualinformation. Rationale oder gar kühl-technische Information kann die Entfaltung der Liebesfähigkeit stören, behindern und in eine falsche Richtung lenken. Vor allem geschieht das, wenn sie zu früh und zu brutal durchgeführt wird. Sexübungen im Kindergarten, wie es nicht nur von den Linken zwecks Unbrauchbarmachung der Jungen zur Familienbildung betrieben wird, sondern sogar in Darstellungen bemühter Erzieherinnen in gut katholischen Zeitungen (s. Helga Wickert, in „Welt des Kindes", 1/81) ist Kindesmißhandlung, weil sie schwere, oft lebenslängliche Sexualneurosen vorbereitet. Liebestechniken als Lerninhalte im Unterricht zu vermitteln, erzieht keine Liebenden, sondern Sexualtechniker. Aber um die Liebe geht es – sie soll nicht der Sexualität dienen (oder gar sie ersetzen), sondern die Liebe soll sich entfalten und herrschen.*

Ein Ergebnis ist in dieser Entwicklung vor allem beglükkend: Die lüstern gemachten Kinder spitzen sich begreiflicherweise spätestens zu Beginn der Geschlechtsreife darauf, die Sache gründlich selbst auszuprobieren.

Und hier geht das Teufelsprojekt dann wohl auch bald zur bösen Saat auf: Das Krebsrisiko durch frühzeitigen Geschlechtsverkehr (so meldet die „Ärztliche Praxis" in Nr. 95, 1979, S. 2) nimmt zu. „Die Krebsrate bei Frauen, deren erster Koitus zwischen dem 15. und 17. Lebensjahr lag, ist doppelt so hoch wie bei denen, die ihr Geschlechtsleben erst jenseits des 20. Lebensjahres begannen." Prof. Naujokts von der Abteilung für klinische Zytologie an der Universität Frankfurt gab als Forschungsergebnis bekannt, daß Geschlechtsverkehr vor dem 17. Lebensjahr und häufiger Partnerwechsel zu den wesentlichen Faktoren gehören, die für Krebsentstehung am Gebärmutterhals verantwortlich seien.

Die Welt der Erwachsenen hat auch nichts dagegen. Sie fördern das sogar durch die Duldung der Jugendzeitschrift „Bravo", durch die Schaffung einer Disco-Subkultur und von Jugendhäusern, denen sie sich selbst respektvoll fernhalten. Viele Mütter machen es ihren jugendlichen Sprößlingen noch bequemer durch die Anschaffung von zweischläfrigen Couchen in den Kinderzimmern und der Antibabypille neben der Kaffeetasse am Frühstückstisch; denn das ist, so haben sie gelesen, ebenso fortschrittlich wir vorbildlich und in Telegruppen des Rühmens wert!

Eine Jugendsendung im ZDF zeigte sogar zu besten Sendezeiten, wie's Jugendliche miteinander „machen", und kommentierte das Ganze durch eine Gruppendiskussion, bei der selbstverständlich vorausgesetzt wurde, daß alle Teilnehmer (unter 17) Geschlechtsverkehr haben, so daß es nur noch die Frage der Verhütungsmittel zu diskutieren gab. Was für eine teuflische Stimulation für alle „Nachzügler", die am frühen Abend so eine Sendung sehen! Und BRAVO *sagt ihnen Heft für Heft, wie gesund das alles ist. „Suchen zwei langsam den Weg am Geschlecht und allmählich zum*

Auslösen von Orgasmus, dann ist das nicht schädlich, sondern gesund. Das ist das, was ein Mediziner dazu sagen kann." So Dr. med. Korff (das ist ein Pseudonym für Dr. med. Goldstein) in der Nr. 12/1979 der BRAVO *(S. 31).*

Die Kinder, angeekelt vom Elend des vergötzten Nahrungstriebes und des vergötzten Besitztriebes, das sie durch ihre Kinderzeit hindurch in Gestalt von materieller Verwöhnung haben erleiden müssen, sind zunächst wie verzaubert von einer neuen Hoffnung. Sie schaffen mit Hilfe der frühen sexuellen Betätigung etwas, wozu der Geschlechtstrieb zum Teil auch gedacht ist: sich von ihren Eltern, vor allem aber von ihren besitzergreifenden Müttern loszumachen. Das ist ein konstruktiver Ansatz, meine Freunde, und infolgedessen für uns eine Gefahr! An dieser Stelle müßt Ihr hellwach sein! Deshalb, um Diabolos willen: nicht etwa frühe Familiengründung und Wachwerden von Verantwortungsgefühl! Jedes schlampige kleine Mädchen, das die Pille einzunehmen vergaß, muß sofort der Abtreibungsambulanz von Pro Familia zugeführt werden! Bewahrt die jugendlichen Eltern auf jeden Fall vor einem erschreckten Abstandnehmen von promiskuitiver und polymorph-perverser Sexualität, weil das Ersterlebnis kläglich und unlustvoll ausging. Mehr Vorbereitung deshalb; wendet Euch immer wieder vor allem an die Jugendzeitschrift BRAVO! Die kleinen Mädchen vor allem müssen spätestens im Alter von zehn bis vierzehn Jahren – das sei Euch zur Pflicht gemacht – zur Selbstbefriedigung angeleitet werden (das ist bei denen ja nicht so selbstverständlich, wie bei ihren Freunden), damit sie gewissermaßen schon voll sexualisiert in die Ersterfahrung mit einem Knaben einsteigen.

Noch ein BRAVO*-Zitat zur Aufklärung kleiner Jungen und Mädchen! Dr. Korff schreibt: „Handgreifliches Entdekken bringt den eigenen Körper in Aufregung. Es kommen dadurch die eigenen sexuellen Gefühle in Gang. In der Umgangssprache heißt das scharf machen oder scharf werden (aufgeilen). Man macht sich scharf, d. h., man möchte mehr* *und kann unter Umständen das gleiche beim anderen erreichen" (a. a. O. S. 30) (!).*

So vorbereitet geschieht das für den Teufel Wünschenswerte: sie lösen sich geistig und seelisch aus der Familie voll ab, ohne sich in großer Liebe an einen Partner binden zu können, und werden zugleich süchtig in die Not nach Befriedigung ihres Triebes gebracht. Das schafft viel herrliches Unglück: Krach mit den Eltern, unter deren Dach die Jugendlichen immerhin noch leben, Krach zwischen den „Liebenden", die ihren Trieb meinen statt den anderen Menschen, was zu immer rascherem Wechsel der Partner führt, Minderung der geistigen Aufnahmefähigkeit in dieser so wichtigen Vorbereitungszeit für das Ansetzen zu höheren Entfaltungsformen – vor allem aber durchgängig eine miese Grundstimmung des Überdrusses bei den Jugendlichen, die ihnen nicht nur den Wind aus den Segeln nimmt, sondern sie gleichzeitig geradezu systematisch dafür präpariert, sich zum gewaltsamen Gesellschaftsveränderer mißbrauchen zu lassen.

Würde man solchen Auswüchsen wie der Jugendzeitschrift BRAVO *wenigstens von seiten der Pädagogik, des Staates (z. B. des Familienministeriums) und der Kirchen energisch entgegentreten, so wäre die Lage nicht so bedenklich. Aber davon kann leider keine Rede sein, sondern überall, wo man fortschrittlich sein möchte, also auch in manchen kirchlichen Ämtern, findet sich eine geradezu komplizenhafte Mitwirkung an der Sexualisierungs-Strategie.*

Ihr braucht Euch auf diesem Feld also nicht mehr zu verhüllen: Ihr könnt es durch Eure irdischen Anhänger ganz offen sagen und schreiben lassen. Sie finden dafür überall offene Ohren: in den Medien, in den Schulen, in den Ministerien und in den Kirchen. Ihr dürft sagen: ‚Wir wollen die Sexualisierung der Jugend zu dem Zweck, das politische Programm der Abschaffung dieser Gesellschaft und der Erstellung einer kommunistischen zu erreichen.' Es kräht kein

Hahn danach, liebe Freunde! Seid da ebenso unbekümmert unverfroren wie zielstrebig.

Es ist die traurige Pflicht des Herausgebers, dem Kollegmeister hier Recht zu geben. Zwei Beispiele mögen genügen (aus dem Buch von W. Brezinka, „Die Pädagogik der Neuen Linken"): „Die proletarische Erziehung beginnt mit der Brechung der sexuellen Tabus" (Sadoun). „Wir brauchen die sexuelle Stimulierung der Schüler, um die sozialistische Umstrukturierung der Gesellschaft durchzuführen und den Autoritätsgehorsam einschließlich der Kinderliebe zu den Eltern gründlich zu beseitigen" (H. J. Gamm, in einem hessischen Handbuch für Lehrer, 1977). Wer diesen Zusammenhang, der sich in den meist gelesenen und anerkannten Büchern von Kentlers Sexualerziehung bis zu Jacobis Sexfibel unmißverständlich nachlesen läßt, erst einmal durchschaut hat, der versteht auch, warum es ein Kinder- und Jugendtheater „Rote Grütze" gibt (für Kinder ab 6 Jahren), das bereits in ungezählten Städten, manchmal sogar von Schulen organisiert wird und als Broschüre (18. bis 21. Tausend, 6. Aufl. 1980) von Lehrern im Unterricht als Lektüre verwendet wird.

Zwei Verse als Kostprobe:

„Was man zur Liebe nötig braucht, das ist ein Platz für den Genuß! Ein Bett wäre gut, jedoch kein Muß, natürlich geht's auch anderswo, doch am beschissensten im Klo.
Was man zum Lieben nötig braucht, sind Eltern, die es auch erlauben! Leute, es ist kaum zu glauben."
„Eltern, die es nicht verhindern, kriegen auch mehr Liebe von den Kindern!"

Der Köder sitzt! Welche Mutter möchte nicht mehr Liebe von ihren Kindern haben? Leider kriecht sie einem Teufelstreich auf den Leim! Sexuelle Bindung bewirkt Distanzierung vom Elternhaus! Wir können dies alles aber auch ganz direkt und aus erster Hand hören: Der Generalsekretär der UdSSR Breschnew hat am 22. 4. 1970 – anläßlich des 100. Geburtstages von Lenin – deutliche Worte in Rich-

tung auf unser Land gesprochen: „Dort im Westen gibt es eine ungeheure Welle der Kriminalität und die dunklen Wirbel der Rauschgiftsucht und Pornographie sowie der pervertierten Gefühle und verstümmelten Seelen. Allein schon der sittliche Verfall in Werten wird mit Sicherheit den Triumph des Kommunismus mit sich bringen."

Die Einflußreichen unter den Alten kuschen längst vor der Diktatur der 51 Prozent, und die Jungen lassen sich scharenweise unter selbstbewußtem, naseweisem Nachplappern all der verderblichen Sprüche, die wir ihnen eingeflüstert haben, ohne auch nur von den geringsten Zweifeln angehaucht zu sein, dem Verderben zuführen.

Freilich gibt es immer noch ein paar einzelne Leute, die sich dem fast maschenlosen Verführungssystem nicht beugen, die ihren Mund nicht halten können und an die Verantwortung des Staates, der Schulverwaltung appellieren; die gar den gänzlich unsinnigen Versuch machen, die Gerichte zum Schutz der Jugend anzurufen. Wir haben gegen diese, im Grunde kaum ernst zu nehmenden Gefahren, außer dem des Totschweigens in der Presse vor allem einen herrlich wirksamen Trick in Umlauf gesetzt: Wir erklären der Jugend, diese Leute seien Nazis. Gleichzeitig führen wir ihnen zahllose Filme über die Verbrechen im Hitlerreich vor und schüren die Empörung der Jungen gegen die Dummheit der Alten, an einen solchen Verbrecher geglaubt zu haben. Ihr heiliger Eifer, solche Nazischweine nicht wieder hochkommen zu lassen, bewirkt, daß sie jeden zu lynchen suchen, der ein mahnendes Wort im Hinblick auf Sitte, Gesetz und Ordnung zu sagen wagt. Auf diese Weise helfen schon ungezählte Jugendliche mit, daß das Ziel, die liberale Demokratie in eine Weltdiktatur zu verwandeln, sich seiner Verwirklichung nähert.

Dieser gemeine Trick funktioniert naturgemäß in unserer Gesellschaft um so besser und nachhaltiger, als die Jugend das Phänomen „Nationalsozialismus" kaum ernsthaft erläu-

tert bekommt, sondern einfach mit negativen Worthülsen (Faschist, Rassist, Rechter) versorgt wird, die auf jeden Fall und direkt tödlich wirken, wenn sie auf einen Mißliebigen angewandt werden.

10. KOLLEG

STATT GLAUBENSWIRKLICHKEIT – UTOPISCHE ERSATZRELIGION

Meine teuflischen Mitverschwörer!

So wenig mühsam es Euch erscheinen mag, aus dem Garten der Lüste einen undurchdringlichen, in Übervegetation wuchernden Urwald erstehen zu lassen – und was für eine stilvolle Untermalung bietet dazu der mit Verstärkern erwirkte Höllenlärm von Urwaldrhythmen aus den Transistoren –, so wichtig ist es aber, bei allen Verführungsformen den zentralen Punkt im Auge zu behalten: Das Ziel aller Lust, das Ziel aller sehnsüchtigen Suche nach überschwenglicher Freude ist die Wiedervereinigung mit Gott, aus dem das Menschengewürm hervorgegangen ist.

Welch eine ungewollte Theologie der Freude ist hier dem Kollegmeister entschlüpft. Sie ist also auch in seiner Sicht ein „schöner Götterfunken", sie ist als Vorgeschmack einer „Wiedervereinigung mit Gott" also ganz offensichtlich ein gutes und wirksames Mittel gegen den Teufel und seine Sippschaft!

Die Erinnerung daran wird den Menschen mit ihrer Geburt zwar genommen; aber die unbestimmte Unruhe, dieses Verlangen und Sehnen, bleibt vorhanden, soll bestehen bleiben, damit die Suchwanderung des Lebens als ein Motor in Gang gehalten wird. Weil diese Sehnsucht ein Streben nach erfüllter, endgültiger Vereinigung, weil sie Sehnsucht nach dem Paradies ist, lassen sich die besten Kräfte des Menschen verbiegen, indem Ihr ihnen die Utopie eines selbstbaubaren Paradieses vorgaukelt.

Dies weiß jeder Oberteufel deshalb so gut, weil ja die Hölle selbst nichts anderes ist als die „Utopie eines selbsterbauten Paradieses", in dem die abgefallenen Geister sich den Ersatz für die Vereinigung mit Gott zu schaffen suchen.

Der Faschismus und der Kommunismus auf der Grundlage der Gedankengebäude von Marx und Engels eignen sich besonders gut für ein solches Umfunktionieren der Hoffnung auf eine ideale Gesellschaft, in der, so meint man lächerlicherweise, plötzlich alle Menschen engelhaft mit den Flügeln flattern werden. Der Marxismus ist eine exzellente Ersatzreligion, weil er die in jedem Menschen vorhandene Sehnsucht nach Liebe, Gerechtigkeit und Opferbereitschaft für die überpersönliche Sache mobilisiert und ausnutzt. All diese höchsten Gefühle lassen sich gerade in den eifrigsten Menschen zur Kampfbereitschaft für das gute Endziel anfachen. Und der Radikalismus, der dem Menschen zuwächst, wenn er sich auf den Weg zu dem heiligsten aller Ziele macht, läßt ihm dann bald jedes Mittel recht erscheinen, um diese verfaulte Gesellschaft zunächst einmal zu beseitigen.

Und an den Massenvernichtungen der nicht genehmen Bevölkerungsteile (66 Millionen in der Sowjetunion, 22 Millionen der Kulturrevolution Chinas, 6 Millionen Juden und ungezählte Millionen Kriegstote durch die Weltherrschaftsraserei des Hitlerreiches, Tausende und Abertausende im Völkermord von Kambodscha) läßt sich auch sehr klar erkennen, daß der Teufel als „Tier aus dem Abgrund" regiert. Kein anderer Augenzeuge kann den Zustand danach so erschütternd schildern wie Alexander Solschenizyn. Er schreibt: „Während der ersten 15 Jahre der Sowjetmacht traf der vernichtende Schlag des Kommunismus Russen, Ukrainer, Belorussen, wobei die höheren Klassen, die Geistlichkeit, die Kulturträger, die Intellektuellen und die produktive Schicht des Bauerntums fast vollständig ausgerottet wurden. Die besten Namen der russischen Vergangenheit waren verboten und verpönt, die gesamte Historie wurde verunglimpft, die Kirchen wurden zu Zehntausenden dem Erdboden gleichgemacht ...“ Woran eine im Landesinnern lebende russische Familie (heute) denkt, ist sehr viel bescheidener, wie ein westlicher Korrespondent in Moskauer Freizeitgesprächen zu hören bekommt: „Ach, wenn doch die Willkür der kleinen, östlichen kommunistischen Satrapen ein Ende hätte, wenn man sich doch satt essen könnte, Schuhe für die Kinder und Holz für den Winter hätte, ach, wenn man nur ein Zimmer für zwei Personen hätte und die Kirche näher wäre als 200 Kilometer vom Wohnort entfernt, und wenn es doch nicht verboten wäre, die Kinder zu taufen und sie zum Guten zu erziehen.“ (DIE WELT, 12. 7. 1980.)

Jedes Unruhestiften – ob in Form von friedlichen oder gewaltsamen Demonstrationen –, jedes Ausnutzen von Schwachstellen, zum Beispiel die heißen Eisen: Atomstrom, Aufrüstung, psychiatrische Behandlung, Sexualmoral, Homosexualität oder die Struktur der Universitäten, sollten Euch recht sein, um den Aufstand zu proben! Es gilt, jene Unvollkommenheiten, Härten oder Schwächen, die im freien Fluß des Lebens immer einmal irgendwo aufbrechen und die der Bemühung um sachlich-nüchterne Lösung bedürfen, aufzugreifen und für den verderblichen Zweck umzufunktionieren. So läßt sich gezielt Empörung anfachen. Besonders erfreulich ist es dabei für uns, zu konstatieren, daß gerade die Menschen, die von Gott als besonders eifrig Bemühte gedacht sind, speziell ausersehen, um seine Sache voranzutreiben, natürlich auch für die falsche Religion, für das falsche Ziel des selbstgebauten Paradieses besonders tüchtigen Einsatz zu leisten vermögen. Diese Menschen haben deshalb auch eine mitreißende Begeisterungsfähigkeit. Deshalb fällt es diesen sympathischen Typen unter den Agitatoren, Lehrern, Politikern, ja groteskerweise sogar unter den Pastoren, besonders leicht, durch ihr Auftreten und Verhalten Anhänger zu gewinnen. Da, wie gesagt, der Mensch grundsätzlich, besonders aber die Jugend auf Nachfolge hin angelegt ist, folgt sie diesen „netten“ Typen ganz besonders gern nach.

Der Homo religiosus, der von uns zum Handlanger der Hölle umfunktioniert wird, eignet sich besonders gut als falscher Prophet. Auch Hitler hat auf diese Weise eine ganze Jugendgeneration einzufangen verstanden.

Eine ganz ausgezeichnete Analyse der Hitlerideologie, die der Tragödie endlich einmal gerecht wird und ihren Kern trifft, findet sich in einem Aufsatz von Joe Hunt: „Es ist die Art und Weise der geistigen Selbstanbetung, die die selbst heute andauernde Faszination des Faschismus erklärt. Der Nationalsozialismus nahm den Charakter eines religiösen Kultes an und hielt an diesen Erscheinungsformen bis zum bitteren Ende fest. Seine Ausführungsorgane benahmen sich wie eine Priesterschaft und erfanden liturgische Formen der Massenanbetung. Intern forderte die Partei absolute Selbstkontrolle und Erfüllung der Pflicht, die zwei Grundpfeiler der Meditation sind, mit denen jede mönchische Gemeinschaft dem einzelnen hilft, anbetungsvoll auf Gott zu sehen ... In einer grotesken Parodie ... wurde vom Menschen verlangt, sich selbst als Ikone biologischer Perfektion anzubeten. Und er tat es willig. Für viele junge Leute hatte der Eintritt in die Partei die Bedeutung einer religiösen Konversion. Die Blasphemie liegt darin, daß die spirituellen Ideale so vieler junger Leute einfach in mystische Selbstanbetung entführt und für barbarische Zwecke mißbraucht werden konnten ... Und es funktioniert heute noch: Unter gewissen Aspekten macht es gar keinen Unterschied, ob Kommunisten, Faschisten oder Gurus sich ihrer bedienen.“ (Neofaschismus. Die Rechte im Aufwind, Verlag für Kultur und Politik, S. 154ff.)

Es handelt sich also um den falschen Propheten, den Wolf im Schafspelz in vielerlei Gestalt, der statt im Namen der Liebe zu Gott, wie Christus durch die vordere – mit scheinheiligem Gehabe –, im Grunde aber mit totalitärem Machtanspruch durch die Hintertür einschleicht. Wie nötig hat die junge Generation es heute, daß wir hier die Unterscheidung und die Form teuflischer Verführung sichtbar machen, vor der Christus so eindringlich und wiederholt gewarnt hat.

An die „netten" verführten Lehrer, an die „netten" Jugendpastoren, die ihre heiligen Hallen zum Jugendfestival im Rüttelwahnstil umfunktionieren, müßt Ihr Euch, meine teuflischen Kumpanen, besonders halten; denn wenn auch die Medien großartig sind, um Einheitlichkeit eines klischeehaften Denkens zu erzeugen, so schaffen sie doch nicht alles. Immer wieder muß eine erkleckliche Zahl von Menschen vorhanden sein, die bereit ist, Überdimensionales an Öffentlichkeitsarbeit zu leisten. Denn so recht verführen läßt sich das Herdentier Mensch nur von einem leibhaftig in Erscheinung tretenden Leithammel.

Als zweite Kategorie, wenn auch nicht so beharrlich und überzeugend wie die erste, eignen sich als Handlanger zu solchen Machenschaften jene Menschen, die „ihre Neurose an den Himmel hängen", also Leute, die auf dem Boden ihrer eigenen frühkindlichen Mangelerlebnisse oder ihrer eigenen Gehemmtheiten subjektiv von innen her zu Anstrengungen genötigt werden, die ihr Zu-kurz-gekommen-Sein und ihre mangelnde Durchsetzungsfähigkeit überwinden sollen. Sie agieren mit ihrem eigenen Seelenhunger, ihrer eigenen ungelebten Aggressivität, projizieren diese Gefühle in die demokratischen Systeme hinein, unterstellen ihnen skandalöse Ungerechtigkeiten und machen dann in Tyrannenbefreiung.

Dieser Nachfolgetrieb der Jugend – eine gute, für die Kultur eines Volkes unaufgebbar wichtige Voraussetzung – läßt sich deshalb so leicht mißbrauchen, weil geistige Vorbilder stets einen gewissen Abstand halten müssen, um wirksam zu sein. Mutter und Vater, der große Bruder und die große Schwester aus der eigenen Familie sind in der Kindheit sehr viel mehr als später direkte Vormacher. Von der Pubertät ab ist zur Nachfolge Abstand nötig, denn zur Nachfolge eines fernen Gottes ist dieser ganze Vorgang ja gedacht. Und hier findet sich wieder ein grandioses Schlupfloch für den Teufel: Im Abstand sind nämlich die Konturen nicht mehr so leicht nachprüfbar, es kommt also auf das Vertrauen an – und das eben läßt sich täuschen. Es hat in den letzten Jahrzehnten nicht an Beispielen gefehlt für solche Ersatz-Erlösergestalten – vom Sektenführer Jones bis Ho Chi Minh und Che Guevara –, die unsere Jugend vom Eigentlichen weglockten.

Der mangelnde Realitätssinn der in erheblicher Zahl vorhandenen Neurotiker, ihre Neigung zu illusionären Riesenerwartungen, ihre Unfähigkeit zu kontinuierlicher Arbeit läßt sich zur Zeit besonders gut nutzen, zumal durch die „Selbstverwirklichung" der Mütter die Zahl der jugendlichen Zu-kurz-Gekommenen gigantisch wächst. Dies hoffe ich Euch nun in all seiner Gewichtigkeit im Hinblick auf erfolgreiche Verführung deutlich genug eingeschärft zu haben. Grundsätzlich läßt sich konstruktive Unruhe, wie die der Jugend, die die Unselbständigkeit der Kindheit hinter sich lassen muß, generell aber alle Unruhe derer, die von ihrem gesunden Grundentwurf und dem gottgewollten Ziel abgekommen sind, auf das prächtigste zu weiterem Irreleiten verwenden, indem man die Unzufriedenheit zur Weckung immer höherer materieller Ansprüche nützt und zum trotzigen Fordern an die böse, ungerechte, vorenthaltende Gesellschaft hochstilisiert.

Gerade das wachsende Heer der jungen Arbeitslosen (im kommenden Jahr werden laut Deutschem Caritasverband von 960 000 Schulabgängern 283 000 keine Aussicht auf eine Berufsausbildung haben), oft ohne Hauptschulabschluß (10 bis 15% eines jeden Jahrgangs!), stellt eine große Gefahr dar. Wer nichts mehr zu verlieren hat und den „Etablierten" mit aggressiver Ablehnung gegenübersteht, füllt leicht die Reihen der Berufsprotestler und Agitatoren auf und demonstriert dann für jeden beliebigen, herbeigeredeten Anlaß. Das scheinreligiöse Ziel der „Gesellschaftsveränderung" kam jüngst bei den Ausweitungen der Berliner Hausbesetzer deutlich zum Ausdruck: „Wenn es gelingt, den Häuserkampf politisch auszudehnen, ihn breiter zu verankern, dann wird sich auch die politische Krise des Systems vergrößern ... dann stehen wir vor neuen Überlegungen, wie der Kampf und mit welchen Methoden weiter vorangetrieben werden muß." (Aus dem Magazin „Radikal" zitiert in DIE WELT Nr. 56, S. 3, 1981.)

Nicht ganz ohne Gefahren ist freilich die Gegebenheit, daß einige Exemplare dieser Jugend, die man durch ihre gesamte Kindheit hindurch aufforderte, selbst zu wissen, was für sie gut und richtig sei, nun auch einmal an dem flotten Sündenbockmodell „Böse Gesellschaft" in Zweifel geraten. Deshalb müßt Ihr die Verteufelungsparolen so nahtlos wie möglich machen. Sehr bewährt sich auf diesem Feld der Mechanismus der Projektion. Da die selbstgebastelten Paradiese immer zu skrupellosen Machtdiktaturen werden, die von Intoleranz, Gewalt, starrer Ordnung, Weltherrschaftsanstrengungen und der Verbiegung des Rechts zu eigener Machtvervollkommnung getragen sind, müssen diese Eigenschaften, denen die aktiven Idealisten zwangsläufig erliegen, wenn sie Staatsgebilde ohne Gott erstellen, den Strukturen der *freien* Welt angelastet werden. Obgleich in den liberalen Demokratien nichts von Gewaltherrschaft, von brutaler Polizeimacht, zu sehen ist, sondern im Gegenteil die Schwäche der Herrschaftslosigkeit eher darin besteht, zu wenig für die Durchsetzung von Ordnung zustande zu bringen, malt man den jugendlichen Zweiflern das Gemälde einer Schreckensherrschaft an die Wand, in der sie, so flüstert man ihnen ein, eigentlich bereits stehen. Es ist herrlich, mit Hilfe von Unruhestiftern diese Vorstellung zu verstärken und die Zweifel der wenigen Kritischen, ob der Umsturz denn wirklich geplant werden müßte, zu zerstreuen. Ihr müßt beispielsweise breit ins Bild setzen, wie die Polizei mit Schlagstöcken antritt.

In diesem Sinne sind in den Augen vieler jugendlicher Demonstranten heute die Polizisten grundsätzlich „Bullen", also Repräsentanten brutaler Polizeimacht, wodurch die Ordnungshüter selbst verunsichert werden und resignieren. Bei Demonstrationen in Berlin (aber das gibt es jetzt sogar schon in Zürich) werden dann schließlich die Prinzipien der liberalen Demokratie bewußt ad absurdum geführt: die Demonstranten demolieren Schaufenster, auch zu Plünderungen kommt es, aber als die eigentlichen Störer werden die Polizisten betrachtet, die solche Umtriebe verhüten wollen. Schließlich weigern sich dann Polizisten, gegen Hausbesetzer vorzugehen, weil ihnen die eigenen Behörden nicht mehr den nötigen Rückhalt geben: Das Endziel der hier angelegten Strategie ist damit erreicht.

Vermittelt ihnen – so muß es jedenfalls den Verführten scheinen – das wahre Bild dieser brutalen polizeistaatlichen Gewalt des Kapitalismus.

Allein in Baden-Württemberg waren 1980 genau 24517 Polizisten bei 283 Demonstrationen im Einsatz, wie das Innenministerium mitteilt (ASD 11. 3. 81), 10000 Polizisten benötigte allein die Demonstration um Brokdorf vom 28. 2. 1981 bei 50000 Demonstranten. Am 19. 9. 1980 war im Fernsehen Pastor Albertz aus Berlin zu sehen, der angesichts der mit Schild und Helm versehenen Polizisten bei der Rekrutenvereidigung in Bonn eine derartige Demonstration der Staatsgewalt (unter großem Beifall seiner Zuhörer) entsetzt beklagte. Von den Zahlen der durch die Gewalttäter schwer verletzten Ordnungshüter sprach er nicht.

Habt Ihr das erst einmal eingeführt, so könnt Ihr hier immer unverfrorener lügen und zu immer direkteren unverhüllten Projektionen übergehen.

Diabolos bricht Verträge unbedenklich. Unterstellt dergleichen aber statt dessen den freien Rechtsstaaten des Westens!

Diabolos hat ganze Etagen voller Folterkammern. Unterstellt das aber statt dessen den USA; auch das nimmt man Euch im fortschrittlichen Stadium eigener Verführtheit und eigener Absichten ab. Faselt von militärischen Angriffsabsichten des Westens – und keiner wird mehr mithelfen wollen, eine Barriere gegen die waffenstarrende Front des Ostens zu errichten. Schwätzt von all den zahllosen neuen Nazis und Faschisten, die sich abermals anschicken, die Macht an sich zu reißen – und der imperialistische Anspruch, den der Antichrist hat und den wir vertreten, kann von der wohlmeinenden Mehrheit ohne Schwierigkeiten mit angestrebt werden. Ihr habt ihnen den Teufel an die Wand gemalt, und sie merken nicht, daß wir sie damit auf die eigene Vernichtung angesetzt und für den Dienst bei Diabolos umfunktioniert haben!

Alle herrschsüchtigen Eigenimpulse können so am sichersten vernebelt werden, indem man gerade sie als in unserem Land vorherrschend vorgibt – samt dem Ziel, die Weltherrschaft anzustreben! Der Hegemonieanspruch des atheistischen dialektischen Materialismus ist den dekadenten Vereinigten Staaten von Amerika als „kapitalistischer Imperialismus" zu unterstellen, denn damit ist ein Feindbild konstruiert, in dessen Schatten um so ungehinderter das eigentliche Ziel – das Weltimperium eines atheistischen Kommunismus – erreicht werden kann. Ich bitte Euch, hier fleißig mitzuhelfen; denn da dieses Denkgebäude religiöser Natur ist, wenn auch teuflischerweise mit einer erlogenen Grundvoraussetzung, kann so die Menschheit am sichersten ins Elend und ins Verderben geführt werden. Denn schließlich entspricht *auch* der imperialistische Anspruch letztlich dem Anspruch Gottes: Sein Reich auf der Erde verwirklichen zu wollen.

Nur der atheistische Anspruch auf kommunistische Weltherrschaft ist mit Sicherheit (und ausdrücklich) gegen *die Vaterunserbitte „Dein Reich komme!" gerichtet. Ja, dieses ist das entscheidende Kriterium, um den falschen vom wah-*

ren Propheten zu unterscheiden! Nicht nur der Kommunismus, auch der Faschismus und wie die Ismen mit Hegemonieanspruch noch heißen mögen, wollen die Weltherrschaft durch ihre *eigene menschliche Hand. Deshalb ist Widerstand gegen Weltrevolutionen dieser Art eine Chance für den Fortbestand der Erde, und daher ist für einen Christen* jede *Regierungsform, die Religionsausübung verbietet, verdächtig.*

Meine Freunde, ich hoffe, Euch ist deutlich geworden: Hohe teuflische Kunst besteht nicht einfach darin, den Menschen vornehmlich durch seinen natürlichen Egoismus abzuholen. Der Egoismus ist primär ebenfalls von Gott gewollt. Er ist ein Teil des Selbstbehauptungstriebes, der sich in den kindlichen Jahren als Gewähr für die notwendige Durchsetzungsfähigkeit ausbilden muß. Erst vom reifen Menschen, im Erwachsenenalter wird seine allmähliche Überwindung erhofft. Zu diesem Zweck tritt bei Erwachsenen das Gewissen im allgemeinen relativ rasch kopfschüttelnd auf den Plan, wenn der Mensch unverblümt egoistische Absichten verfolgt. Den Egoismus könnt Ihr also allenfalls verhüllt ansprechen. Das Einflüstern, seinem Egoismus zu frönen, sollte aber grundsätzlich nicht ohne einen heuchlerischen Mantel edler Scheinmotive erfolgen. Im *edlen* Wollen des Menschen ist der Haken nämlich viel zugkräftiger ansetzbar.

Am Ende seiner Vorlesungsreihe betont der Kollegmeister nochmals, was als durchgängige Devise aller seiner Strategien deutlich wurde (und was seine gute Menschenkenntnis erweist). Nicht die schlechten Triebe und Absichten des Menschen sind die wesentlichen Hilfsmittel der Hölle (denn gegen die erhebt sich in jeder gesunden Menschenseele eigener Widerstand und eigenes beschämtes Zögern), sondern die listige, verführerische Umdrehung der an sich guten *Absichten. „Wir haben es doch eigentlich so gut gemeint!" – das werden die Verführten und so zu Verführern Gewordenen am Ende der Geschichte im Rückblick sa-*

gen müssen. Aber das hat schon Gottfried Benn gewußt: „Das Gegenteil von gut ist nicht böse, sondern gut gemeint." Hüten wir uns also vor Verführung des Guten in uns, wachen wir über unsere edelsten und kostbarsten Gefühle und Motivationen am aufmerksamsten und vergessen wir nie, was uns diese Lektionen so unüberbietbar deutlich machten: gefallene Engel *sind die Teufel – mißbrauchte* gute *Antriebe machen die Menschen zu Dienern des Bösen.*

EPILOG

Meine höllischen Freunde!

Zum Schluß noch eins: Verschiedentlich wurde in den Pausen der Wunsch geäußert, ich möge abschließend doch eine Aufzählung der Personengruppen geben, die sich z. Z. gegen unsere Verführungskünste mehr oder weniger als resistent erweisen und die womöglich durch Eigeninitiative zu einer Gefahr für uns würden.

> *Überraschenderweise gibt der Kollegmeister nach Abschluß seiner Vorlesungsreihe hier noch eine Zugabe, in der er seine Darbietungen zusammenfaßt. Die Erwähnung von „Pausen" weist übrigens darauf hin, daß seine Wirksamkeit über die Abhaltung der Kollegs hinausging, da er offensichtlich auch Einzelgespräche absolvierte.*

Diesen Wunsch will ich abschließend gern erfüllen, denn grundsätzlich gilt: Ein übersehener, ein falsch eingeschätzter oder gar zum Nichts erklärter Feind ist der allergefährlichste! Durch eine solche dummdreiste Fehleinschätzung der immer gegenwärtigen Allgewalt des Bösen macht es uns die öffentliche Meinung in der Bundesrepublik zur Zeit gerade so herrlich leicht. Fehler dieser Art dürfen uns also nicht unterlaufen! Wir müssen – nüchterner als die fortschrittlichen Theologen – bekennen: Die Machtfülle des Herrn der oberen Welt ist auf der Erde immer noch ungebrochen.

Eine für uns überaus tröstliche Feststellung, an deren Gültigkeit der Leser nicht im geringsten zu zweifeln braucht, wenn er bedenkt, von wem *sie hier – und wo – gemacht wird!*

Noch heute werden stündlich durch die nimmermüde Regsamkeit seiner himmlischen Heerscharen Menschen zum Bewußtsein ihres eigentlichen Auftrags gebracht. Immer hat sich der Herr in der Geschichte auch des bewährten Rezeptes bedient, ein abgefallenes Volk wie einen morschen Ast aus dem Weltbaum herauszubrechen, und der Rest erblühte gerade dadurch um so üppiger. Ein solches Gesundschrumpfen durch Herausreißen eines Teils aber wird wohl in Zukunft immer weniger möglich sein, weil mit Hilfe der Medien und der Flugtechnik von uns so viel globaler, flächendeckender gearbeitet werden kann.

Immerhin deutet sich hier ein „Optimismus" an, bei dem es uns als Deutschen bange werden muß. Uns darf es *nicht genügen, daß der Rest der Welt weiterexistiert, wenn wir als Volk wie ein „morscher Ast" aus dem Weltenbaum herausgebrochen werden. Vielmehr sollte uns eine solche – in der Hölle kühl einkalkulierte – Gefahr hellwach machen, um die Katastrophe zu verhindern. Doch dafür wird* eine *der Voraussetzungen sein, daß wir überhaupt noch willens und in der Lage sind, uns als eine Gemeinschaft zu empfinden, statt freiwillig vorher bereits alles Zusammengehörigkeitsgefühl denen zu überlassen, die es bei uns zum Erlöschen bringen wollen.*

Für das Herausoperieren der einen Krebsgeschwulst wäre es aber auch zu spät – unsere Metastasen der Zerstörung sind weltweit verbreitet. Das ist wohl auch der Grund, weshalb die Bundesrepublik Deutschland an Euch noch nicht voll ausgeliefert worden ist, obgleich sie insgesamt überreif dazu wäre. Welches sind also die von Euch noch nicht überspülten Inseln der Hartnäckigkeit? Die gefährlichste Gruppe der Widerständler ist die der stillen, bewußten Beter. Lacht nicht, die gibt es wirklich, nicht nur in den Klöstern, nicht nur unter den frommen Christen, sondern selbst unter den konfessionslosen Einzelgängern. So gibt es z. B. eine Menge klarsichtiger alter Frauen, ja sogar einzelner alter Männer. Die sitzen in ihren Altersheimen oder vereinsamt und vergessen in ihren Wohnungen, lesen Zeitungen, sehen fern, holen vor Entsetzen über der Zeiten Verderbnis tief Luft und beten, bitten, betteln Gott um Gnade für ihre Kinder und Enkel, die sie, treulos geworden, lange schon nicht mehr besuchen. Ich kann Euch kein Patentrezept gegen diese zählebigen Alten mit den gesunden Herzen und den von Alterssklerose unbeschädigten Hirnen geben. Ihr könnt sie höchstens noch mit Hilfe langfristigen Siechtums in der Anonymität unserer Großkrankenhäuser abzuholen versuchen. Aber an sich sind diese Überlebenden zweier Weltkriege hartgesotten, sowohl im Hinblick auf Verzweiflung wie auf Leid und Einsamkeit. Natürlich darf man dennoch nichts unversucht lassen. Die Lieblosigkeit der sich selbstverwirklichenden Angehörigen stellt immer noch die größte Versuchung dar, sich dem Hader zu überlassen. Und dann ist es natürlich aus.

Unversehens erhalten wir nun konkrete Hinweise auf Hoffnung von dem, der so intensiv bemüht war, unsere Hoffnungen zu zerstören. Wir haben zur Kenntnis zu nehmen, daß die Unterwelt vor den Betern Angst hat und daß die Garanten für unser Überleben mitten unter uns sind. Wir haben diese Beter zu ehren und ihnen – den Stillen im Lande – dafür zu danken, daß sie uns Wege weisen, auf denen der Teufel seine Macht verliert. J. W. Klein schreibt: „Die Umwandlung zu neuem Geist erfolgt durch kleinste, dem äußeren Auge kaum sichtbare Prozesse. Mit anderen Worten: neue Zeiten kann man nicht machen – durch Organisationen und Institutionen am allerwenigsten. Neue Welten entstehen durch Kleinst-Inkarnationen, durch geringste neue Typen, welche verraten, daß ein neuer Zeitgeist kommen will. Der Schwerpunkt des Geschehens kom-

mender Zeit wird in den Singular verlegt, in den einzelnen Verkörperten, in die Zaubermacht der Person. Von hier aus können wir die Zumutungen des Evangeliums zu verstehen beginnen, wie sie in der Bergpredigt stehen: Ihr selbst seid das Licht der Welt! Ihr selbst seid das Salz der Erde! Eine Revolution ohnegleichen, welche die Geschichte in zwei Hälften spaltet. Ihr seid der springende Punkt des Ganzen, ihr Menschen, so heißt es jetzt. Und Johannes fügt hinzu: Ihr seid der Quell des springenden Wassers in euch selbst zur Ewigkeit hinauf. Woraus hervorgeht, daß die Botschaft des Evangeliums eine Verkündigung des mündigen Geistes im Menschen bedeutet. Mündiger Geist aber erhält einen Namen. Ihn gewinnen heißt die Gottessohnschaft erwerben und nicht mehr in einer Gottesknechtschaft oder in einer unmündigen Gotteskindschaft stehen." (J. W. Klein: Europa am Scheideweg, Hamburg 1980, S. 11.)

Die zweite gefährliche Gruppe ist die der schlichten Menschen, vor allem die der gestandenen Arbeiter. Zwar läßt sich mit dem Neid auf die, die scheinbar mehr haben und mehr sind, recht erfolgreich agieren, aber die älteren unter ihnen haben meist noch erlebt, was es heißt, existentielle Not zu leiden. Deshalb merken sie am ehesten, daß die Ausbeutungsthesen so brutal, wie man sie ihnen vorgaukelt, nicht stimmen können. Schon ganz und gar denen, die aus eigenem Antrieb dem Arbeiterparadies der DDR, der Sowjetunion oder der ČSSR entflohen sind, ist eine gesunde, erznüchterne Unterscheidung darüber zugewachsen, was wirkliche Ausbeutung gegenüber nur behaupteter, was wirkliche Unfreiheit gegenüber nur unterstellter ist.

Dies kann für uns als konkrete Anregung zur Teufelsabwehr dienen. Alexander Solschenizyn, Wladimir Bukowski, Ludek Pachman – das sind Autoren, die durch Leiden die Unterscheidung von böser Verführung und notwendigem Widerstand im christlichen Geist erlernten und uns lehren können.

Deshalb noch einmal an dieser Stelle: Es ist unsinnig, hier erfolglos zu viele Kräfte zu verschwenden. Die Intellektuellen, die emanzipierten Frauen und die überdrüssig gemachten Jugendlichen sind viel leichter einfangbare Objekte und eignen sich viel besser als zugkräftige Multiplikatoren. Hingegen geht besondere Gefahr von den Dissidenten der Ostblockstaaten aus; denn das ist eine Gruppe, die sich meist zunächst von Diabolos hatte einfangen lassen, der ihr aber schon zu Lebzeiten ein reichlich großes Stück Hölle zugemutet habt. Diese Leute haben Diabolos gesehen und sind – meist handelt es sich sogar um ehemalige Anführer der Verführten – besonders starke religiöse Persönlichkeiten. Sie scheuen weder Tod noch Teufel. Sie sind von drängender Sorge erfüllt. Sie laufen nicht irgendeinem Phantomfeind nach, sondern sie haben den Herrn der Tiefe als den eigentlichen Widersacher voll im Visier. Gleichzeitig haben sie sich kompromißlos in den Dienst für Gott gestellt, ja sie sind in der Sorge um die Schöpfung mit ihm voll identifiziert. Deshalb sind diese Leute auch unempfindlich gegen Verunglimpfung und Verleumdung. Sie haben die Zivilcourage eines Todesmutes, dem das eigene Ergehen gleichgültig geworden ist, weil sie in den Folterkammern unmittelbar hinter den Teufelsfratzen ihrer Peiniger das Angesicht Gottes aufleuchten sahen. Sie sind Wissende und damit auch endgültig Gefeite gegen unsere Fallstricke. Sie lieben Gott mit der Inbrunst, die er sich in seinen kühnen Träumen von seinen Geschöpfen erhofft hat. Sie sind immun gegen jede Form von Treulosigkeit. Dieses winzige Trüpplein ist für die Macht der Finsternis eine erhebliche Beeinträchtigung – denn Gott ist ja ein bewußter Gegner des Mehrheitsprinzips. Meinungsforschungsinstitute können ihn daher wenig beeindrucken. Wegen eines einzigen gerechten Exemplares läßt der Herr der Höhe über tausend Ungerechte Gnade walten.

Es ist aber erstaunlich (oder schlimmerweise: nun gerade nicht mehr erstaunlich), wie wenig solche Dissidenten bei uns öffentlich Gehör finden. Was Solschenizyn in den letz-

ten Jahren dem Westen in unüberbietbarer Deutlichkeit an Warnungen und Mahnungen zukommen ließ, fand längst nicht in allen Zeitungen Eingang. Freilich in der „Welt" vom 12. 7. 1980 darf er beschwörend ausrufen: „Es ist kein Zufall, daß die gewaltige Macht, vor der heute der ganze freie Teil der Erde zittert, in ihren sechzig Regierungsjahren im eigenen Land nichts so gezielt und verbissen auszurotten sucht wie dessen Weltanschauung: das Christentum!" Aber in der „Zeit" konnte man lesen, daß es nun wohl mit Recht still um Solschenizyn werden würde, denn er erhoffte törichterweise die Errettung der Welt durch das Christentum. Aber nicht nur bei uns in Deutschland passieren schlimme Dinge: selbst Carter als Präsident der USA war nicht Manns genug, diesen Dissidenten in seinem Weißen Haus zu empfangen.

Dieses alles muß ich Euch vor Augen stellen, damit Ihr nicht etwa am Erfolgsrausch trunken werdet; denn selbst wenn diese Geisthelden in den Medien des Westens totgeschwiegen und mit den Waffen der Verleumdung totgeschlagen werden: Sie entfalten dennoch unterschwellig so etwas wie eine Strahl- und Brandkraft, die schneller um sich greift, als uns lieb sein kann. Da diese Geister, weit erhaben über den Wenn- und Aber-Wankelmut einer verkommenen Theologie, die Standarte wieder auf den Ruinen der geistlichen Hochburgen Gottes errichten, gibt es gerade unter den Jungen, die so mit Lebenslügen überhäuft sind, daß sie der Ekel darüber leidvoll würgt, eine erkleckliche Anzahl, die erkennt, daß da eine Luft weht, in der es sich atmen ließe, und die den Fußmarsch zu neuen unkonventionellen Formen eines unmittelbaren Glaubenlebens anzustreben sucht.

Als Herausgeber kann ich hier dem Leser nur empfehlen, sich von diesem Pessimismus der Hölle als von einem für uns guten und gesunden Optimismus anstecken zu lassen. Wenn man dort die Gefahr so hoch einschätzt, dann sind unsere Bataillone also doch stärker als mancher Verzagte bei uns zu glauben wagt!

Ziemlich uneinnehmbare Festungen sind auch die zu erneuter entschiedener Bewußtheit erstarkten jungen Familien, in denen der Vater in opferbereiter, bewußt gläubiger Vorbildlichkeit die Sache als seine ihn ganz besonders fordernde Aufgabe übernimmt und seine Autorität als Schutzpflicht für Frau und Kinder vor Gott lebt. In diesen Familien ist meist alles seelisch gesund – die Frau ebenso wie die Kinder. Sie halten auch Versuchungen und Belastungen eisern durch, weil sie sich Gehorsam bewußt abverlangen und von dem Wissen durchdrungen sind, daß ohne liebevolle Familienbindung Gott seinen Schöpfungsplan nicht verwirklichen kann. Diese Familien gilt es natürlich vor allem anzufallen, wenn Schicksalsschläge ihr Glück verdunkeln. Es darf nicht unversucht bleiben, wenn die Resistenz auch erstaunlich groß ist.

Erfreulicherweise stößt der Kollegmeister hier auf eine wichtige, in ihrer Bedeutung gar nicht zu überschätzende Realität: auf die bewußt zu Hause bleibenden Mütter, die (oft unter schmerzlichem Verzicht auf einen Beruf) sich ganz der Familie widmen, und auf die bewußt ihr Familienleben pflegenden Väter. Dieser neue Stil verantwortungsbewußter Familien mitten im kalten Krieg der teuflischen Mächte – was ist das doch für eine große Hoffnung! Wie leicht läßt es sich solchen Familien anmerken, daß sie in fröhlicher Gemeinschaft leben, in denen die Mütter ihren Dienst nach anfänglicher Überwindung gerne tun, weil sie wissen, was für einen hohen Wert er hat, und wie sehr sie damit ihrem Lebensauftrag gerecht werden! Bei denen ist es wohlsein, und ihre Kinder sind gehorsame Kinder, weil die Eltern für sie Zeit haben und die Kinder spüren, daß sie geliebt werden! Solcher Gehorsam beruht auf der berechtigten Vorstellung der Kinder, daß es klug ist zu tun, was die Eltern sagen; denn sie spüren, daß sie geliebt werden. Und nur ein solcher freiwilliger Gehorsam aus Überzeugung ist brauchbar als Vorbereitung zum Liebesgehorsam für Gott. Ich habe den Eindruck, daß diese stille Widerstandsbewegung gegen den Teufel in Deutschland gar nicht so klein ist – und die finste-

ren Mächte recht haben, die Zukunftskraft, die sie erwirken, zu fürchten.

Als letztes: Beachtung verdient die Gefahr, daß Ihr zu rasch arbeitet, so daß die brutal Radikalisierten zu viel an Boden gewinnen und die artigen, nützlichen Idioten, die lediglich in unserem Strom schwimmen, weil sie die Welt zu Neuem, Humanerem, Vollkommenerem mit verbessern helfen wollten, nun auszuschalten suchen. Wenn in dieser Weise auf dem Weg von der kalten zur heißen Kulturrevolution die Revolution ihre Kinder zu fressen beginnt, dann müßt Ihr hellwach auf dem Plan sein! Denn dann besteht die Gefahr, daß diese Vernebelten plötzlich erkennen, daß man sie auf einen Weg führte, den sie nicht im mindesten wollten, nämlich ins Verderben. Dann müßt Ihr mit Hilfe von Versprechungen, von ehrenvollen Ämtern in der neuen Diktatur fest zugreifen, damit die wankend Gewordenen Euch nicht im letzten Augenblick durch ein erschrecktes Umkehren entschlüpfen. Nur systematische Nüchternheit, Beharrlichkeit, Wachheit und die in der Bundesrepublik glücklicherweise außer Kurs gesetzte zähe Geduld kann Euch zum Ziel, zur Zerstörung der Menschheit führen.

Wiederum ein indirekter Hinweis auf unsere Rettung. Denn nach einem inneren Gesetz der Verführung (das dem Verführer schließlich die Verführten aus der Hand gleiten läßt) eskaliert alles Ideologische zum Extrem. Solche Extreme aber wirken ernüchternd auf viele der Berauschten, und so können wir also hoffen, was die Oberteufel befürchten sollen: daß auch bereits Verführte noch umkehren können und daß ein Allzuviel schließlich bei vielen noch rechtzeitig zum Erwachen führt.

Dennoch trotz aller Erfolge: Auf Geheiß von Diabolos habe ich Euch ausdrücklich vor illusionärem Siegestaumel zu warnen. Bisher ist die Geduld des Herrn mit seinen Geschöpfen immer noch größer gewesen, als ihr sie aufbringen konntet. Auf Dauer hat sich die Schöpfung trotz aller gezielter Bemühung in geschichtlicher Zeit als unverwüstlich erwiesen. Gegen alle Unterminierung mit Hader, Haß, Lüge, Aufwiegelung und Verzweiflung hat der Herr der oberen Welt immer neu sein Erbarmen und seine Treue gesetzt. Er hat sich sogar selbst als Mensch auf die Erde begeben und den Menschen handgreiflich ihren Weg und seine Wahrheit sichtbar gemacht. Er hat sie auf diese Weise mit einer Panzerung ausgerüstet, gegen die wir auch als Wissenschaftler gänzlich machtlos sind. Da können Leute ihr Leben lang Diabolos in die Hand gearbeitet haben – plötzlich, quasi auf dem Totenbett gehen ihnen die Augen auf – und flupp, sitzen sie unter dem Mantel seiner endlos überdehnten Vergebungsbereitschaft. Dies und die nie voraussehbare Möglichkeit, daß der Mensch im Grunde darauf hin angelegt ist, all unsere schweren Vorhänge der Verdunkelung mit einem Schlage beiseite zu schieben und plötzlich, in einem Augenblick, im hellen Licht der Erkenntnis zu stehen, gibt dem Bemühen von Diabolos den Akzent eines schließlich doch hoffnungslosen Ungleichgewichts. Wir müssen eben immer mit den kleinen Teilerfolgen zufrieden sein und an der Geringfügigkeit im Hinblick auf das Ganze nicht verzagen. Unsere Arbeit in Deutschland gibt uns zur Zeit Anlaß zu prächtiger Hoffnung. Sie mag Euch täglich als Ansporn und Ermutigung dienen.

Am Ende dieser verräterisch zaghaften (offensichtlich ehrlichen) Worte geht dem Leser hoffentlich ebenso deutlich wie dem Herausgeber auf, daß alle hier deutlich gewordenen „Hoffnungen" der dunklen Strategie eigentlich auf dünnen, tönernen Füßen stehen. Ein kühner Gedanke – aber er ist nicht neu, sondern er ist der Kern der Frohen Botschaft des Evangeliums von jeher gewesen –: Muß nicht letztlich auch die Hölle mit allen ihren Geistern unter der Allmacht Gottes verzagen? Gilt nicht auch für diesen Kollegmeister, was uns zur Gewißheit geworden ist: „Dazu ist erschienen der Sohn Gottes, die Werke des Teufels zu besiegen"? Uns ist zugesagt, daß die Hölle nicht triumphieren wird und daß sie ihren Sieg bereits verspielt hat. Für uns freilich kommt es lebensnotwendig darauf an, auf welche Seite wir uns stellen, damit wir werden, was wir sein sollen und mit Gottes Hilfe auch sein können: Gottes mündige, aus Liebe und Dankbarkeit ihm aber gehorsame Kinder, denen er seinen Sohn zu Hilfe sandte und denen er durch die ganze Geschichte zugerufen hat: „Fürchtet Euch nicht!"

Christa Meves und Joachim Illies

Lieben – was ist das?
Ein Grenzgespräch zwischen Biologie und Psychologie
Band 362, 128 Seiten, 14. Aufl.

Mit der Aggression leben
Band 536, 128 Seiten, 6. Aufl.

Unterwegs
Ein Briefwechsel in der Not unserer Zeit
Band 769, 176 Seiten, 2. Aufl.

Geliebte Gefährten
Tiere als Hausgenossen und Miterzieher
Band 845, 128 Seiten

in der Herderbücherei